识干家

企業閱讀　學以致用

零售巨头数字化转型操盘笔记

江楠◎著

中华工商联合出版社

图书在版编目（CIP）数据

零售巨头数字化转型操盘笔记 / 江楠著. —北京：中华工商联合出版社，2021. 12

ISBN 978-7-5158-3232-6

Ⅰ. ①零… Ⅱ. ①江… Ⅲ. ①零售商业－商业企业管理－数字化 Ⅳ. ①F713. 32

中国版本图书馆 CIP 数据核字（2021）第 222328 号

零售巨头数字化转型操盘笔记

作　　者：江　楠
出 品 人：李　梁
责任编辑：于建廷　效慧辉
装帧设计：仙　境
责任审读：傅德华
责任印制：迈致红
出版发行：中华工商联合出版社有限责任公司
印　　刷：河北宝昌佳彩印刷有限公司
版　　次：2022 年 3 月第 1 版
印　　次：2022 年 3 月第 1 次印刷
开　　本：710mm × 1000mm　1/16
字　　数：195 千字
印　　张：14. 5
书　　号：ISBN 978-7-5158-3232-6
定　　价：98. 00 元

服务热线：010－58301130－0（前台）
销售热线：010－58301132（发行部）
010－58302977（网络部）
010－58302837（馆配部、新媒体部）
010－58302813（团购部）
地址邮编：北京市西城区西环广场 A 座
19－20 层，100044
http：//www. chgslcbs. cn
投稿热线：010－58302907（总编室）
投稿邮箱：1621239583@ qq. com

导读

我是一名普通的互联网打工人，经历了几个互联网大厂的发展转折点：

2014 年迅雷赴美上市，企业在上市前正处于业务、组织架构调整及大方向的变革期，同时正值移动互联网高速发展期，也正是这一段经历，让我开始感受到移动数字化革新给行业发展、智慧生活带来的巨大冲击。

2015 年京腾计划（腾讯 & 京东通过深度整合双方优势资源，引领互联网 + 时代的前沿商业趋势，共同向品牌商家提供一套有效建立品牌、提升营销效果和顾客体验的完整解决方案，打造“互联网 +”时代的电子商务新模式，助力商家互联网 + 转型）发布落地，我的职业生涯开始从游戏过渡到电商，跟随腾讯拍拍团队加入京东，带着对游戏用户的理解和想法，不断尝试给京东环境下的电商用户探索新的购物体验和增长模式，这个过程也就是我们现在常说的“社交电商”，而那一年的上海也正在悄然地孕育一家社交电商巨头，它的名字叫“拼多多”。

拼多多的飞速崛起，给 2016 年的电商行业带来很大的竞争威胁。正在极力转型的我们，依托微信、手 Q 天然的好友关系链及京东丰富的品类属性大力发展以游戏化的玩法、裂变、传播为核心的全新模式，从组织架构调整到游戏化玩法的人才需求，也正是这种风口上的推动，让我第二次感受到移动互联网的创造性行业革新有多重大的意义。

2018 年的电商环境逐渐从线上战场燃烧到线下，消费者需求逐渐从传统电商过渡到即时配送，这就要求企业对商品结构、运营策略、人货场组合及物流仓储配送进行重新洗盘，这个过程也就是新零售的萌芽。也正是在这一年，我开始投身传统零售巨头从事新零售工作。

新零售是一个拓展性很强的课题，我们可以站在巨人的肩膀上尝试探索捷径，也可以以创业的姿态摸着石头过河，新课题的容错度相对较高，时间却是很紧张的。行业的发展给我们的时间不多，“快速迭代、小步快跑”这个万年不变的互联网法则，现在看来更能适应新零售的发展。

本书详细地阐述了世界 500 强传统零售企业如何从传统变革到新零售，如何将线下的经营模型数字化到线上，如何满足当前消费者的场景需求，从方法论到实操案例，系统化地拆解我们是如何做新零售探索的。

新零售行业新机遇

2020年1月22日上午，丁零丁零……一通急促的电话从武汉疫情前线打来，因交通管制商品无法正常配送，导致门店大面积抢购缺货严重、门店拣货人手不足……一系列生态链问题扑面而来。

作为零售巨头商，我们深知肩负的社会责任之大。尽管疫情如此严峻，我们仍需要全力拼搏接受这次大考：到家业务的策略布局、线下门店库存周转、门店拣货效率及业务配送的运力。

一、是挑战也是机会

随着疫情的加剧，线下零售社区商超大面积出现用户囤货现象，有些小商户每天甚至补货十几次，销售额更是翻了几十倍。小商户自身不具备完善的供应链体系且疫情逐渐加剧，社区居民开始被隔离实行封闭管理，很多社区店只能无奈闭店，用户也只能由线下转向线上，新零售业务开始出现爆发式增长。

（一）都没提前做好准备

确诊人数剧增，大家的目光很快从“口罩、消毒水”等防疫品转向民生类商品。原本对于新零售而言，春节期间的“淡季”转眼变成销售“旺季”，促销预估、补货筹备、库存周转周期，甚至线下拣货、配送人手安排计划全部被打乱。各大平台不得不限购，基于库存的最大阈值和人手最大产能安排每天的订单上限进行约购，每天固定数量，约满为止。

盒马万家汇门店在疫情期间线上单量更是翻越数百倍，最大产能的限购在凌晨的3~5分钟就会约满！叮咚买菜、每日优鲜同样出现大面积售罄。对于爆发式增长，大家都没提前准备好，令人措手不及。

（二）加速新零售模式更新迭代

一方面需要直面突如其来的订单暴增；另一方面需要做好各个环节的过渡，必须加速迭代模式。一夜之间，各个平台的招聘工作全面展开（共享员工，召唤离职员工返岗，高薪聘兼职），补足门店和配送方的人力缺口；家乐福、物美等大平台在补货方面也直接升级为供应商直采直销模式，加速库存周转和降低产品利润；各平台配送团队开始集结联盟并合理化调配，促进配送行业市场的平衡。

（三）引出一大批个体社区业态崛起

机会点的爆发自然能吸引大批个体商户的注意。武汉、宁波等地的小区开始出现小型社区团购业态，通过业主微信群在线沟通和下单，个体商户集中采购并分批派发到用户家门口，或者通过简易的阳台吊篮传送商品。送货方式尽管很传统，但特殊时刻的特殊操作对于用户而言已经是极大的帮助，同时这对于小型个体业态也逐渐有了小规模的影响力，疫情过后的持续化发展同样有机会。

二、行业洗牌，凸显稳固生态体系价值

任何一场大灾难或者一起社会化事件后，总能对部分行业进行质变的洗牌。毫无疑问，疫情对新零售是一次地毯式的洗牌，中小型欠健全的企业面临供应链断裂甚至倒闭的风险，大型巨头企业快速整合生态资源加速发展，行情一度趋向“强者更强，弱者更弱”。

（一）地方性小型新零售企业面临供应链断裂的风险

这对地方性小型零售商无疑是一个致命的打击，没有完整的生

态体系和现金流，员工收入不能保证，商品供应链不能及时高效地补货等，地方新零售“呆萝卜”也遭受其害，在疫情期间也被爆出大量负面消息，甚至面临重组风险。

（二）巨头企业加速整个生态体系资源重组，后端履约价值被放大

重点问题重点关注，新零售在后端履约过程中，除了缺货外，更多的症结在于人员（拣货人员、配送人员）不足。疫情爆发，令这部分后端履约的价值被逐渐放大，零售商开始重点关注配送团队的效率，大部分众包骑手逐渐往驻店专送骑手迭代，第三方运力配送企业开始商业化规模联盟，联合力量集中消化大规模订单。与此同时，人力成本也提升一个台阶。据悉，单个骑手在春节前平均每天有200~300元的收入；疫情爆发，运费补贴提升，单个骑手平均每天可以赚到500元甚至600元的收入，这自然推动了整个行业的发展。

三、倒逼传统企业加剧转型发展

消费者的聚焦点从线下转向线上，在危险又充满机遇的市场蓝海中，对于绝大部分传统企业而言充满巨大的挑战，挑战成功则转型成功，挑战失败则直接出局。

（一）倒逼传统企业前端销售数字化

例如，东莞某医疗公司在疫情爆发前，出货渠道和上下游供应链已经经历近10年的打磨，稳定且固化。从只能依靠渠道平台做产品分发快速演变到业务数字化改革，接入saas平台搭建自有体系商城和进出货数字化管理。同时联动KOL做直播/短视频带货，一系列新型销售方式的接入，使得消毒水、体温计品类同比800%多的爆发式增长。

（二）倒逼传统企业后端供应链体系改革

例如，中国农业上游的产能在全球而言都是充沛的，但中下游过于分散。疫情爆发后，大多数城市都关闭农贸市场，阻隔了很多散点供货。与此同时，这可以让大型零售巨头更好地向上游供应商直采直销，免去中间商环节，提高库存周转效率，这在很大程度上推动了传统零售业建立直采直销的持续化合作模式。

四、策略布局下的快速应对

作为新零售的到家业务，快速布局策略、积极应对是我们全力以赴的责任。无论是前端销售策略、商品结构化重组、线下新型业务线的快速落地，还是整体后端履约的表现，我们都在全力搭建并快速执行。

①改善商品结构，提高民生商品上架率：优化品类结构，提高生鲜米面粮油等民生商品的品类占比，集中资源倾斜推广民生商品促销。捆绑生鲜品类核心 SKU 套餐式打包销售，一站式配齐每天所需食材，降低用户购买门槛，增加销售转化率。

②最大化产能开启限量约购不闭店：改善资源短缺、人力短缺情况，迅速优化营业时间，确保高峰期正常营业而不影响用户购买。同时，每个线下门店最大化人力 / 商品产能，开放限量约购，合理调配资源，最大限度地满足用户日常所需。

③快速布局城市自提业务：加速自提业务布局，以点到面，从单个门店到城市级别覆盖，优先发力核心灾区城市，联动社区提货对接人，统一上门提货并在社区内分发到户，这既能极大地缓解疫情期间的运力压力，也能高效精准地提高社区的到货效率。在自提业务的布局下，甚至尝试把自提点入驻到小区门口，架设到家业务专属自提点，门店员工驻守分发，用户不出小区门，就能买到日常生活必需品，极大地拉动用户享受新零售下的购物便利性。

④社区串点配送，高效直达专车专送：社区串点配送基于门店周边的核心小区，用户下单不再受限于 3 公里。通过优化商圈图，合作固定社区。门店按照小区划分区域，一次性装车，按社区位置挑选最佳路线逐一分配到社区大门，最后通过社区对接人分发到户。一天两送的机制提高了配送效率。

⑤无接触配送 / 完整消毒流程配送：对于后端履约过程，无论是门店拣货员还是配送员，必须经过层层消毒环节确保足够安全后才

允许上岗操作。在配送侧，我们快速制定无接触配送流程，鼓励骑手将商品放置门外安全区域，全程无接触，降低传染风险。

⑥第三方配送联盟助阵，补足运力缺口：加速配送方的模式改革，联动城市内部运力团队，中心化运力资源，同时合理化调度运力缺口区域，最大化运力资源 ROI。

这场突如其来的疫情和作为头部商户的社会责任感，使命驱使整个行业必须创新和改变。建立稳固的行业生态体系及良好的竞品联盟关系或许是企业在临危受命的前提下可以为国家带来的最大价值。

目录
CONTENTS

第 1 章

数字化用户思维：科学模型挖掘用户价值

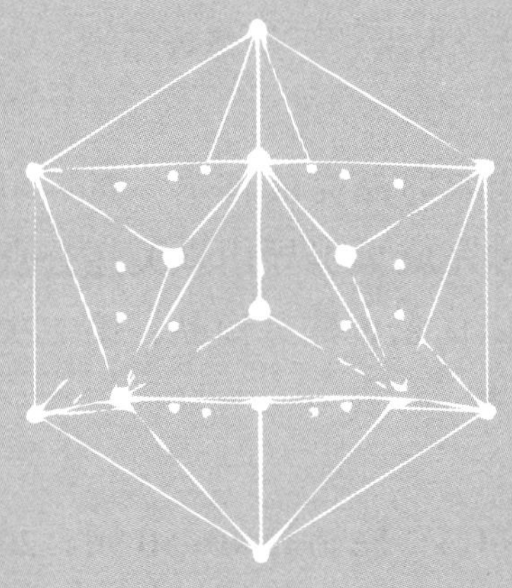

一、低成本获客，打造一线员工“合伙人”制度

电商发展迅速的负面影响会直逼传统线下门店，门店的人力、租金成本不断提升，周围辐射范围内的用户拉新成本同样不断提升。在传统企业转型到线上新零售的同时，数字化存量用户变得尤为重要，建立高效低成本的获客模型就成为打造新零售业务的第一步。

（一）低成本获客模型 1.0——店外增量用户

线下门店的用户是简单、利益导向明确的群体，实惠生活化的拳头商品 + 简单快速扫码注册流程 + 现场额外赠品 + 有效的回流促销机制是线下获客模型 1.0。

1. 选取有效的推广位置

前期做踩点用户样本市调，分析用户的品类需求，在门店、小区、CBD、学校等不同场景推广的拳头商品和赠品品类形成差异化。例如门店、小区更适合高频消费品类，如米、面、油、鸡蛋等品类；CBD、学校更适合选取轻食类品类，如牛奶、水果、下午茶等品类。

2. 扫码注册流程

对于小程序，需要让用户扫码授权选取商品完成首单，然后引导用户扫第二个二维码加群（或者在支付完成页引导用户关注公众号）。第一次扫码让用户体验小程序并可以优惠价购买商品，第二次扫码锁住用户，沉淀到私域范围内便于复购。

3. 成本模型控制

在整体获客过程中，把单位新客成本 CAC 控制为 40~50 元，20

元商品和优惠券 +10 元赠品 +10 元现场人工费 +5 元场地费用。前期拉新的成本模型和商品选择可进行多轮测试，不同品类的商品、无门槛券或者券包的组合，监测用户拉新效率和质量（多次测试不同组合商品的拉新成本，以及对应的新用户在第 3 日或者第 7 日留存率做横向对比）。

4. 有效的回流机制

在用户第一次扫描二维码进入活动页选购商品时，增加优惠券组合券包，引导用户点击领取，1 张优惠券当日使用（考虑满 8 元减 8 元、满 10 元减 10 元类的无门槛优惠券），2 张优惠券复购使用（7 日内可用，开始使用高优惠门槛券），且优惠券的核销可关联小程序服务通知，在 7 天内未使用则会有自主服务通知触达。回流机制与私域流量池紧密相关，在地推获客的过程中会通过 BD 话术引导用户扫描二维码进入提前搭建好的社群，利用私域营销承接用户做触达和培育。

（二）低成本获客模型 2.0——店内存量用户

店外的增量用户是 1.0 阶段的主攻阵地，店内的存量用户同样需要数字化的流量池；在 1.0 阶段测试下的流程模型、成本模型成熟后，我们开始试图提取关键过程环节复制到店内获客，也就是获客模型 2.0 版本。

①将门店员工作为促销员主体，给全国促销员设置专属推广二维码，确保数据可追踪到个人。

②针对门店员工建立佣金分配体制，佣金分为两部分，即首单佣金及复购单佣金。引导新用户成功下完首单奖励 M 元佣金，且在周期内下完复购单（第二单）则奖励 N 元佣金。佣金分配金额可根据整体获客 CAC 进行迭代。

③用户扫描员工的二维码进入活动页面注册下单，整体流程化操作复制 1.0 版本的全流程，对比 1.0 版本的店外推广，2.0 版本的优势在于门店满足商品存放条件和具有充足的库存，因此在赠品选择上，选品更加自由宽泛，如冰鲜冻品、日配水果等高频刚需品，

新客转化率自然也更高。

通过2.0版本的迭代，快速把获客模型复制并应用到全国门店，提高店内获客效率。

（三）低成本获客模型3.0——促销员分销体系

无论是线上还是线下，获客成本一定会随着行业的加速发展而提高，新用户不断被蚕食且营销规则不断被应用甚至滥用，用户心理预期的可接受程度也会随之拔高。随着获客模型的不断应用，大部分薅羊毛用户已经摸透规则，从而开始出现用户质量变差、复购率持续走低的态势。因此，降低获客成本且精细精准化获客是模型3.0的核心目的。基于模型2.0，我们把促销员机制打造成分销体系，通过用户圈层、商品圈层、二级分销等核心能力，精细化运营整个获客模型链路。

1. 促销员分销制

促销员分销制：店内促销员和店外BD获取佣金，从一对一的获客模式裂变到一对多的分销获客模式，玩法链路更像是分销电商规则。

场景举例：A是促销员，B用户通过扫描A的专属二维码下完首单，A促销员获得一级佣金，B用户消费结果页生成专属二维码。同样场景下，C用户又通过扫描B用户的专属二维码，A获得二级佣金，B获得一级佣金。

我们发现，二级分销模式更适合小区、CBD、学校等高密度用户群体场景，具备人际信任链条和主动式利用刺激。

2. 促销员圈层制

促销员圈层制：精细化策略一定是伴随有规划的发展而逐渐成形的，在全国范围内的促销员机制建立之后，开始对促销员实施圈层制，区分头部促销员、腰部促销员、底部促销员，三个层级的促销员一级收益和二级收益不一样，而且每层促销员获客建立成长、激励及竞赛体系，鼓励培养核心高产促销员，汰换劣质低产促销员，从获客源头建立良性的竞争关系。

3. 商品圈层制

商品圈层制：对于拉新获客，另一个可精细化的纬度就是促销商品层面。全品类无门槛优惠券并非一个良性健康的刺激手段，规模化后势必造成毛利的损耗和获客成本的逐渐提升，因此我们需要对优惠层面实施圈层。从一级品类开始区分，如奶粉母婴、家居生活、日常消费品，每张优惠券针对品类使用，促销员的收益也不一样。

场景举例：B 用户通过分销下单日常消费品，A 促销员假设获得 3 元佣金；若 B 用户通过分销下单奶粉母婴品类，A 促销员就可以获得 5 元甚至更高的佣金。

二、私域流量应用，完善用户沟通渠道

（一）私域流量人性化本质

焦虑和孤独一直都是人类生存过程中的症结，特别是我们这一代人，快速的工作节奏，强大的内卷压力，焦虑和孤独有时候尤为明显；社会化现象像蝴蝶效应，个例的发展总能快速发展为社会化普遍情况。聚群式的沟通环境，有共同点的人格属性都将成为“社群”的信任关系链条。

基于流量红利的争夺战，从种子用户培养到核心用户，再从核心用户建立商业化用户行为，整个过程更像是私域流量的运营模型。

（二）私域流量商业化变现

有了足够体量的存量用户，自然需要变现，私域流量同样如此。商业化变现途径有两条：第一，下单转化持续规模化；第二，社交广告开源造血。

下单转化是基础也是首要目的，我们在面对大量且复杂的流量池时，需要利用玩法 / 促销 / 活动 / 精细化用户分层、优惠投入、资源整合、商品分布等不同阶段提供不同的组合方式。同时，线上私域流量用户黏性提高后，可逐步引导门店反哺，线上用户反哺到线下门店。例如社群内拼团或者互动活动，需要前往线下核销或者兑换，给线下门店反哺流量，提高销售转化的可能性。

社交广告对于私域流量同样是一个金矿，前提是我们需要拿到

用户足够多的信息（手机号、性别、年龄段、品类属性、购物频率、购物客单等）。有了充足的用户画像，第二步就是针对私域流量下的用户做用户模型（Usermodel）。在用户模型内，我们要注意的关键点是用户圈层的标准和策略打法，新老用户培养、品类偏好用户培养、高频用户培养，开始建立不同分层下的矩阵式的社群，圈层越精细化，矩阵式社群的产出越高效，社交广告的投放也越有效。

接下来要做的是如何整合广告资源做付费转化，找到合适的品牌商户，资源置换或者效果付费是双方合作的前提。在零售行业，消费品品牌是合作最多的一个品类，如联合利华、玛氏、伊利、蒙牛、帮宝适，在指定母婴社群内推送伊利、蒙牛、帮宝适的社群互动玩法，从氛围包装、互动过程到购物链条高曝光品牌权益，用户可以在社群内获得指定精准品类购物券，产生购物意向，这对于平台方和品牌商户也能贡献一个有效的下单用户。

（三）微信生态矩阵

在新零售初期，搭建的模型是多元化的，如微信公众号矩阵 + 微信群矩阵 + 朋友圈矩阵 + 社交广告矩阵 + 社交玩法矩阵 + 多触点矩阵。有了这几个阵地以后，接下来需要分配它们的职责和义务。

· 微信公众号矩阵：承担引流和用户分层义务，在公众号内做精细化转化。

· 微信群矩阵：承担微信生态的大部分销售义务，同时提供用户互动场景。

· 朋友圈矩阵：承担品牌宣传、用户互动、信息触达窗口场景。

· 社交广告矩阵：承担品牌宣传主窗口，不做销售预期。

· 社交玩法矩阵：是指通过多个不同目标的社交裂变玩法（例如以留存为导向的养成类游戏、以拉新为导向的砍价类游戏、以停留时长为导向的休闲类游戏）有节奏有规划的组合矩阵。

· 多触点矩阵：精细化潜在用户运营。

（四）超级社群私域流量打造

1. 线上流量来源

活动页扫码：线上通过推广活动页告知社群福利，浏览活动页的用户可以扫码添加小助手账号或者动态进群二维码，小助手通过手动方式将用户拉入对应的社群，规模化之后，小助手的用户群也是一个庞大的群体，可以联动朋友圈投放文字海报内容。

公众号：在公众号推文内或者自定义菜单下增加小助手个人号的微信号，引导添加好友。

好友邀请：已经在社群内的用户，通过裂变玩法的植入，老带新或者新带新的裂变海报玩法，对于原本就具备聚群式好友的环境更适合裂变拉新。

2. 线下流量来源

线下门店引流：线下门店拉新时给予入群的利益点，邀请线下地推用户入群，同时现场提供部分赠品，前期通过赠品刺激引导入群，进群后通过节奏化的培养手段进行触达和转化。

线下物料扫码：线下活动 DM 单、宣传单、门店宣传标牌，极大化入群利益点，扫码添加小助手账号或者动态进群二维码。

3. 拉群区分用户层级

社群的发展势必需要做精细化用户分层运营，后续的社群投放策略同样存在差异化。从拉新获客的源头出发，前期多准备不同类型的社群，定义好群名和简单的属性。例如 1001 店母婴 38 群，这时候邀请一些孕妇、辣妈入群，也可延伸到高龄群、职场群等。从源头做好社群相当于对用户进行圈层，策略会更加精准。

4. 社群组织架构搭建

社群组织架构更像是一个企业的架构，从职能分工到内容产出再到交付 KPI 分配，系统化组织结构。整体组织架构由 2+6 的核心团体组成，即 2 个群管、6 个职能小组，具体如图 1–1 所示。

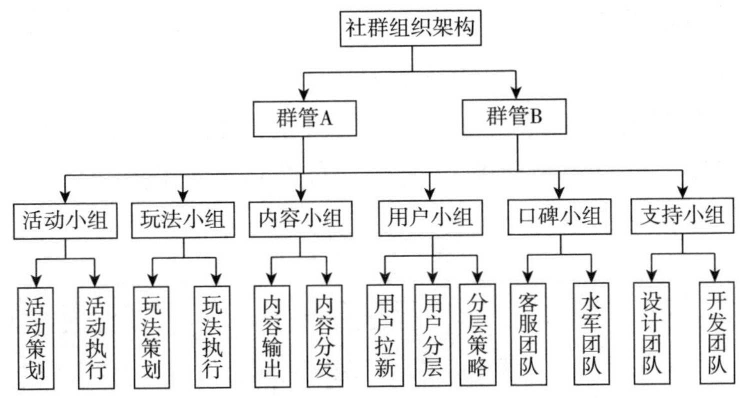

图 1-1　社群组织架构

· 活动小组需要规划群内所有的促销活动，配合品类策划推广节奏，推广内容及转化效果，承担活动销售 KPI。

· 玩法小组需要结合微信群的功能和属性，策划传播助力裂变性活动。例如现在微信具有裂变属性的社交立减金、面对面发券、拼团助力等以传播为前提的玩法策划。

· 内容小组需要内容写手团队输出高质量的短内容或者创意短视频，每天、每周、促销日、节假日都可以输出立足商品、热点、话题点、可促进活跃性短视频。例如生猛新鲜的海鲜水产、品质良好的瓜果蔬菜科普，都是真实且有说服力的内容产出。

· 用户小组需要承担群内用户数量与质量，负责外部拉新，联动玩法、活动拓展外部资源，建立线上线下稳定拉新获客来源，统计每天的新进用户和流失用户占比，复盘分析每类来源用户的留存率和转化率。

· 口碑小组需要承担的责任更直接，要做好用户售前售后的商品答疑，担任客服的角色；扮演水军的角色，在群里做舆论导向，引导用户互动。

· 支持小组需要配合设计群内所有的视觉、玩法的开发等技术侧支持。

5. 社群活动内容体系

社群搭建了架构，需要内容让社群“活”起来！促销、裂变、短内容是支撑社群活跃的三大核心抓手，如何节奏化、排期化地应用三大抓手，同样需要体系化盘点，如图 1-2 所示。

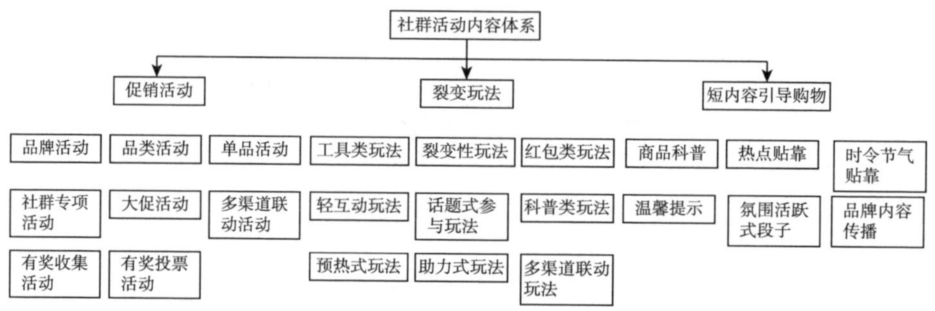

图 1-2　社群活动内容体系

6. 社群合伙人制体系

在社群内建立团长制，通过用户小组的复盘分析报告，需要在用户圈层的前提下挑选部分核心高质量用户作为种子团长。种子团长不但可以承担社群的日常管理工作，而且可以结合获客 3.0 模型，给予专属二维码提高线上获客数量，这对于拉新和销售转化起到了关键作用。

三、AARRR 模型应用，拆解平台运营

新零售行业，正处于传统到新型的变革，很大一部分用户运营的策略恰好立足于传统企业和互联网企业之间，有差异也有共性，我们需要考虑传统用户的行为思考，也需要考虑线上用户的融合和切入。

做市场分析通常离不开 SWOT 模型，做逻辑推导通常离不开 5W1H 模型，做用户离不开 AARRR 模型。举个场景例子进行简单概述：

· 你拥有一家超市，今天是第一天营业，你不得不去发广告 / 传单获取第一批种子和潜在用户，这个过程称为**种子用户获取**（Acquisition）。

· 第一批种子用户群体进入商场，引导他们逛商场，甚至在商场内和导购员 / 店员互动，这个过程称为**用户促活**（Activation）。

· 人来人往，来得快，走得也快，这时候你会发现商场有很多人离开，甚至包括当初那批种子用户，接下来我们需要引导他们多逛一会儿，或者明天、后天再回来，这个过程称为**用户留存**（Retention）。

· 有的人走了，有的人留下了，很幸运，你的超市成交了第一个订单，这个从用户到下单的过程称为**用户变现**手段（Revenue）。

· 用户买完商品准备回去，你需要引导他推荐更多的邻居过来购物，哪怕只是过来逛一逛，这个过程称为**用户推荐**（Refer）。

我们把视角放大，把这个案例搬到现实中，零售行业面对大众

用户的业态就是超市大卖场。如何快速建立用户运营模型，并且可以有效快速地复制到全国近 500 家门店业态，是这个阶段需要处理的问题。

（一）获取第一批种子用户

第一批种子用户的获取和拓展基本分为 4 个步骤（见图 1–3），且目的、策略、周期都不一样，越精细化的运营模型越经得起市场的考验。

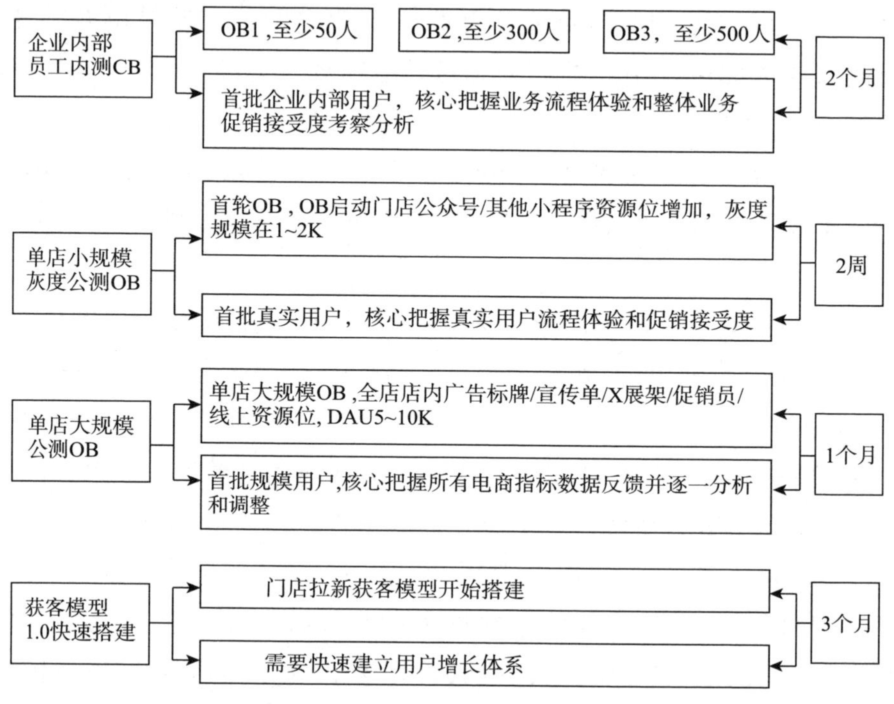

图 1–3 第一批种子用户的获取和拓展

· 企业内部员工内测 CB（Close Beta）。通常 CB 会分为 3 轮，为期 1~2 个月，核心目的是反复迭代和打磨用户黄金流程体验，确保在 CB 环节无限接近正式上线环节体验度。反复测试和调研真实用户对于整体业务的促销、活动、商品、优惠券等接受度，同时进行最终 CB3 的分析报告，为正式 OB 做准备。

· 单店小规模灰度公测 OB（Open Beta）。一家距离总部最近的超市门店做灰度 OB，在门店扫码购内增加了一个 Banner 作为灰度资源位，有 1~2K 的真实用户，同样也有真实的外部用户，这个阶段我们做 2 周，核心目的是需要掌握真实外部用户对于产品流程体验、运营体系的接受程度，并且平衡 OB 阶段和 CB 阶段的差异。

· 单店大规模公测 OB。2 周后的业态趋于平稳，接下来需要灌入更多的流量开始规模性 OB，将已经在 OB 和 CB 阶段的策略复制，并在门店开始增设广告标牌、宣传位、促销员口头宣传、线上公众号、扫码购等资源。为期 1 个月，1 个月后开始进行单店 OB 复盘。

· 获客模型 1.0 快速搭建。

（二）用商品激活用户

即便有了部分用户，仍然需要对这部分用户做激活。对于互联网平台而言，很大一部分促活来自平台本身内容和增值性服务。

· 短视频平台的促活来自病毒视频。

· 游戏平台的促活来自副本和游戏成长、荣誉体系。

· 社交平台的促活来自熟人、陌生人关系链。

· 新零售电商平台的促活离不开促销、商品、玩法。

毫无疑问，商品是一个主力，如何通过商品提高单个 UV 的停留时长、访问深度、单 UV 价值，是促活阶段需要提供的策略。

1. 五大核心品类栏目入口

基于零售品牌的大众化消费印象，功能化五大核心品类价值，即母婴、快消、生鲜、休食、家清五大品类，母婴提客单，生鲜提高频，快消、家清提刚需，休食提转化。

从栏目坑位到单品坑位，根据品类的不同功能，开始规划首页品类区域坑位，数据产出通过每天不断抓取坑位点击、跳转、转化、停留时长，连续抓取分析 3~4 周基本可以判断品类与坑位的产出

ROI。

2. 品类促活

品类使用周期、价格、保质期等先天属性决定了对其平台的销售贡献度，品类促活同样可以按照不同品类属性进行拆分。

在促活阶段，我们把商品分为引流品、高转化品、复购品等分类。

· 网红烘焙面包、常温奶、休闲零食具备较强的单品引流效果，独立单品日做落地承接。

· 生鲜、瓜果、蔬菜、肉禽蛋具备较强的高频刚需，满足转化条件。

· 快消、家清等品类具备较强的民生需求，满足周期复购条件。

3. 关联性捆绑促销

关联性捆绑促销对于UV停留时长和访问深度可以起到关键性作用。举个场景案例，用户购买一袋大米和一部分蔬菜，加购后，购物车会在对应品类提示“生鲜品类满100元减20元”，或者增加1元即可兑换餐桌品类蔬菜，提示用户点击跳转到候选生鲜页面，增加单UV价值和单坑产出。

（三）三个策略，让用户可以留下来

1. 运营层面

我们有很多流量池，都是私域流量池，这是提高留存且可控的手段之一。

· 对于微信群，我们通常每天会推送7条内容，即1条早安+3条高峰期秒杀商品+2条今日主推商品+1条互动类。通过这种反复性地推送触达，对于群内的用户二次访问平台有极大的推动作用。

· 公众号、小程序矩阵同样在各个渠道推送差异化的需求内容。

· 签到助力的轻互动玩法也是提高留存的方式，鼓励用户连续签到3天，或者连续签到一周，可以获得8.5折/7.5折全品类优惠券，通过这种利益刺激性手法提高留存率。

· 传统短信的发送同样是主动触达的手段，标新立异的热点文案+明确的利益点刺激，峰值效果明显也能做到接近15%的短信链接打

开率。

2. 促销层面

从商品优惠券和活动订阅方面考虑，优惠券对于小程序而言，本身具有未使用提醒的服务通知触达，因此对复购券、品类券都做了时间或者次数方面的限制。

· 用户单次领到优惠券之后，需要二次进来才能使用，且服务通知会做提醒触达，以引导跳转使用。

· 另一部分是活动提醒，比如秒杀提醒，在未开场的场次增加“提醒我”功能按钮，用户订阅，在活动开场前 3 分钟进行服务通知触达，点击跳转到平台指定页面，也同样可以提高留存率。

3. 产品功能层面

关于小程序本身的触发形式，腾讯在极力压制，因此我们可用的小程序不多，通常我们会通过页面增加模块埋点，让用户触发埋点事件，关注过公众号的用户即可以收到公众号下发的预约提醒，或者对指定的模板消息事件做二次营销。例如购买成功、拼团成功等固定推送模板，在模板内的自定义字段内增加优惠券刺激信息、品类促销信息等可以拉动用户的触达。

新零售行业的留存是存在壁垒的，大部分用户来自线下，对于还未完全熟悉线上购物环境的目标群体而言，很难让他们在次日或者七日返回，其过程需要培养也需要分步进行。很长一段时间次日留存仅有 20%，经过以上几个策略的分布式执行，次日留存率提升到 30%，峰值达 40%。

（四）“人 + 货 + 场”，增加用户变现手段

最核心也最能代表业务发展趋势好与坏的关键性指标有很多，成交转化率是其中一个。成交转化率也是最能衡量用户变现策略的指标，具体如图 1-4 所示。

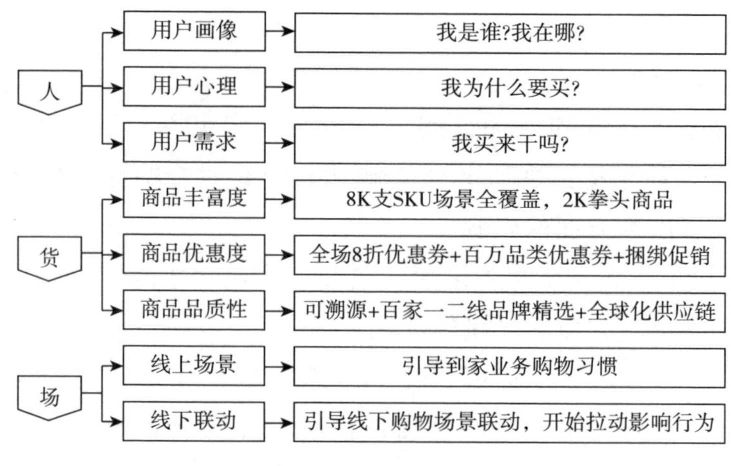

图 1-4 “人 + 货 + 场”

1. 人

（1）用户心理

先从用户购物决策心态开始介绍。对于带着指定购物需求的用户而言就很好处理，只要平台内商品足够丰富，满足他们快速找到商品的产品体验即可。难点就在于第二类用户，也就是没有购物需求的用户，这部分用户的心态变化和应对策略，如图 1-5 所示。

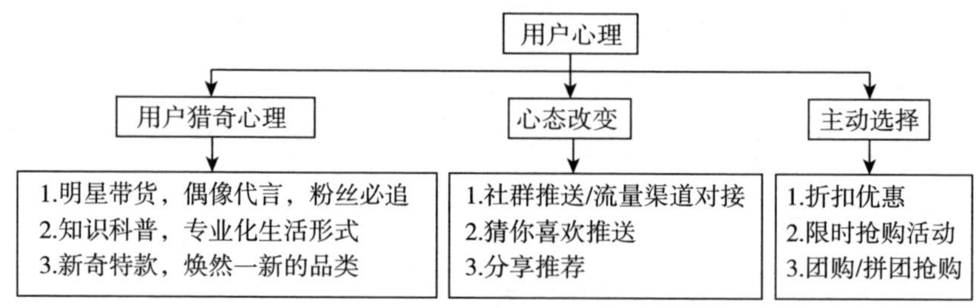

图 1-5 用户心态变化和应对策略

用户从接触到购物分三个阶段：好奇无认知，开始接触有认知，尝试购买。

第一阶段在于“好奇”。如何激发用户的好奇心，我们试图通过几个手段来获取。例如选定品牌合作代言人，制作代言人带货小视

频 / 病毒式海报，通过社群、公众号直发。我们也会从专业化的角度科普内容，如冬季滋补适合煲什么汤、适合吃什么口味的火锅，切入点都很有意思和创意，但实质不缺客观科普知识点。

第二阶段开始接触有认知。我们会通过团长的分享推荐、群内用户的分享，鼓励他人下单，并在平台内主推，激起用户的尝试欲望。

第三阶段尝试购买。主动选择是最后一步，也是刺激用户下单的关键一步。用户有了好奇心，也有了渠道用户的分享，再加上商品目前的限时购和折扣购优惠，此时不买，更待何时？

（2）用户需求

新零售的种子用户 80% 来源于线下，用户画像趋于 35~45 岁的辣妈群体，基于群体的线下购物习惯和需求点，提炼几个关键词作为活动促销的策划点（安全、便捷、实惠、品质）。

2. 货

· 我们在平台内联动 50 多个国内外一二线品牌进行联名活动，主打商品质量、安全保证。

· 联动企业自有精选品牌、精选品类、精选爆款，确保所有商品的品质感。

· 打通线下捆绑销售促销 + 线上专属促销，确保线下能享受到的优惠在线上也能同步，而线下享受不到的优惠在线上还能额外有渠道专享价。

活动对于任何一个平台而言都是促活和变现的手段，也最能体现“货”的价值。活动侧我们拉通了全年的活动时间线，根据全年销售目标拆分到单个活动内，这就有了单个活动的产能价值指标 =（活动订单 / 总资源投入量化 UV）。通常非 S 级别活动，我们的单个活动产能转化率可以做到高于平台整体转化率的 3PP 以上。

活动的纬度排除平台类活动，也需要我们联动外部资源的力量，例如三超（超级品牌日、超级品类日、超级单品日），联动拳头品牌，对品类和单品定期做主推，并且对于这些商品做激励计划（对表现好的产能转化率给予更长时间的资源曝光和朋友圈广告奖励），自然会吸引更多商家的入驻。

场景化活动同样不能缺少，我们从家庭消费场景出发，如对做饭、下午茶、周末宅、带娃等不同场景提供不同商品的组合性活动。一方面可以提高用户 UV 价值和转化；另一方面可以极大地增加首页导购效率，降低用户购物决策成本。

3. 场

第一阶段，线上“场”的做法。

我们的核心目的是引导用户形成“躺在家里购物”的消费习惯，在这里，除了电商行业的普遍做法，还要从细节慢慢打磨用户习惯。例如我们联动品牌方设计“冰箱贴”“鼠标垫”“日历”等大量生活化礼品，所有礼品增加小程序太阳码，扫码跳转到我们搭建好的拳头商品活动页，并且每天进行维护，也可以通过门店、地推获客团队进行散发传播。

基于微信生态环境，不断拓展线上流量，比如微信九宫格的“腾讯惠聚”，给予 LBS 定位，展示门店 3 公里范围内的商户，给予可覆盖范围内的用户聚集品牌商户和优质促销商品。这部分流量入口，特别是对线上增量用户获客效率的提升非常明显。公众号的精细化运营，千万级别的粉丝大号，我们不断测试推送形式和内容，尝试过“伪平台促销页面”风格、“图文段子”风格、“粗暴专业化卖货”风格。有意思的是，“伪平台促销页面”风格是跳转率最高的形式，页面风格很早就被电商平台影响，用户具备天然的购物习惯。

第二阶段，线下场景的联动。

我们可以发挥作用的地方很多，例如超市内部所有结账（联动扫码购、自助收银）核心环节，用户通过自主买单，都可以在支付环节展示线上新零售业务。更重要的是，大型招标标牌、货架卡板、货架宣传卡、易拉宝展架都是商场最好的导流形式，我们对用户进店 - 逛区域 - 看商品货架 - 迎面而来的柱子 - 收银台 - 出店地面招贴等必经之路做了细分拆解。

线下面对面发券也是一个不错的联动形式，给予 LBS 定位抓取门店 3 公里范围内有效的用户 ID 包。针对这部分用户包，投放一张 8 折左右的大力度的优惠券，这部分用户只要使用微信支付，就可以在最后的支付页获得并领取优惠券，一键跳转即可到达平台。由于对消费类人群的精准覆盖，其转化率自然会高于平台整体的转化率。

（五）用户增长传播策略

由于新零售通常配送范围仅周围 3 公里，辐射范围有限，人群覆盖同样有限，原本高效率的增长传播玩法，却没办法全链路应用，需要考虑更精准有效的玩法模型做规模化。

基于高密度人群高促销商品做多人拼团：社区、办公室、学校是典型的核心用户阵地，也是高密度覆盖区域，挑选对应场景的高动销商品低价引流拼团。例如社区拼团考虑用 9.9 元米面、海鲜水产，办公室用 0.9 元水果、酸奶等下午茶品类。人群和品类策略明确后，尝试短周期内做区域投放测试实际的单位 CAC 成本，通过对不同组合商品的投放，测试一个最佳的传播效率和 CAC 成本方式。

老带新裂变拉新：邀请有礼、分享有礼，老用户邀请新客有效下单，双方均可获得收益。收益类型通常会用无门槛券包的方式组合呈现，需要重点关注的是新老用户的成本控制需要在 30 元以内（需结合实际线上 CAC 情况制定）。

四、用户生命周期管理，三招培养有价值的用户

（一）对用户进行生命周期管理

曾经有一个很有意思的新闻引起笔者的关注。假如每一个公墓墓碑都增设了一个二维码，用手机扫描该二维码即可以查看这位烈士的基本信息、生平经历、杰出贡献，笔者印象里面核心的内容就这 3 大块，其余都是一些缅怀的话语。让我们把视角拉回来，基本信息、生平经历、杰出贡献这 3 大块正是行业里面所说的“用户运营”三大核心因素。基本信息我们不做讨论，生平经历即用户在某个平台从注册到流失的足迹，杰出贡献即此用户在某个平台终生的输出价值，即用户生命周期总价值 LTV（Life time value，LTV），是指用户在平台中所有的互动和操作行为给平台带来的总价值。

例如，A 用户每个月会在平台下 3 单，平均每单的毛利是 20 元，且该用户的下单行为会持续 5 个月，之后就会流失，不再下单，则该用户的 LTV=3 × 20 × 5=300 元。

只有 LTV 很难分析出核心结论，需要搭配 CAC 的概念平行观测，CAC 的含义是“获客成本”。我们先按照之前的 CAC 假设为 35 元，这时候我们应该看两者的比值 LTV/CAC=300/35=8.5。这个比值的含义就是你花了 35 元拉来的用户，在平台提供了 300 元的生命总价值。通常 LTV/CAC 的比值 >1，说明从获客的角度看业务的投入产出比是有效健康的。

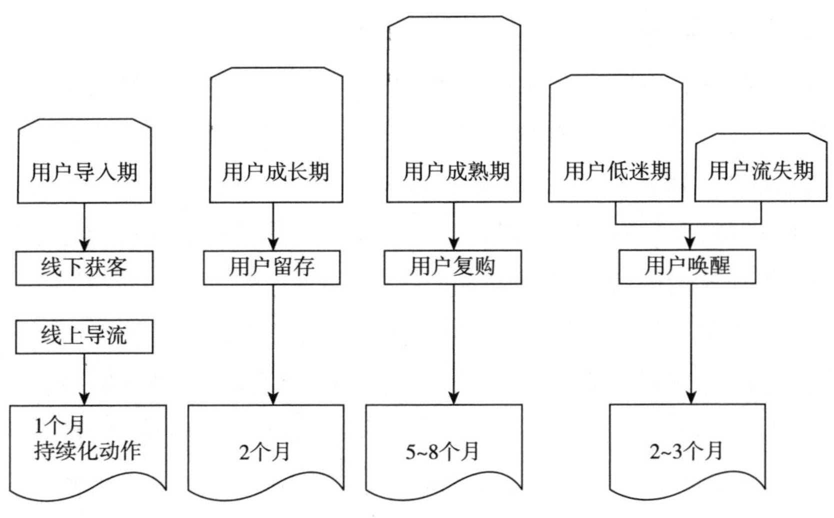

图 1–6　用户在平台内的“生平经历”

用户在平台内的“生平经历”，通常会分为五个步骤，即“用户导入期”“用户成长期”“用户成熟期”“用户低迷期”“用户流失期”，如图 1–6 所示。

1. 用户导入期

用户导入期的核心在于线下获客和线上导流，通过高效率获客模型 1.0~3.0，从搭建拉新模型到规模化获客，确保用户数量和质量并行。

2. 用户成长期

用户成长期的核心是让用户留下来下单，这个阶段需要关心的指标是新用户留存和转化。多类型优惠券包和引流拳头商品的组合是针对成长客的有效手段，我们从五个大的品类内，各挑取 5 个动销率 Top5 的商品且价格在 10~30 元的高转化商品，其中包含一些网红单品和应季品类。优惠券包的组合通常会利用 8~10 张不同力度和门槛组成的 188 元或者 288 元总包，从使用场景出发，区分本单可用券、次单可用券、未来 3 天或者周末高峰期可用券；从运营效率出发，区分低客单高力度券、近客单中力度券、高客单低力度券三类。

3. 用户成熟期

用户成熟期的核心在于用户购物频次，核心指标是复购率！成熟型的购买用户对于平台消费已经有了充足且清晰的消费认知，对从购物体验到平台信任度基本不用进行过多投入，资源需要更加聚焦优质的商品品类及后端的履约服务，以满足该类用户的刚需要求。

4. 用户低迷期和用户流失期

用户低迷期和用户流失期的核心在于用户召回。用户如果在 2~3 个月以上没有下过任何订单，那么我们需要对这批用户做唤醒召回，新零售的召回场景分为线上和线下。线上分析该用户的属性并通过 CRM 手段做主动触达和优惠券补给；线下通过用户在门店使用扫码购、自助收银机进行结账，都会主动推送后置优惠券和商品推荐，提高用户下单率。

对于用户的召回策略，同样需要考虑 CAC 的投入，这部分用户已经有过一次流失，因此二次召回成本较高且二次 LTV 的价值低，往往在召回阶段 LTV/CAC<1。在用户召回阶段，我们不过多地看重投资回报率，而是召回用户做口碑传播裂变玩法，类似于老带新玩法资格邀请、社群群主团长资格邀请，鼓励传播拉新给予利益奖励。

（二）建立用户分层运营体系

做运营需要在运营的环节满足不同用户的需求，这就势必要求我们对用户进行归类和进行差异化打法。不同产品的形态有不同的归类分层形式。新零售通常是通过几个步骤对用户进行分层并制定差异化策略，这里给大家介绍两个常用且实用的新零售用户分层模型：用户黄金行为分层、用户属性画像分层。

1. 用户黄金行为分层

用户黄金行为，就是单个用户从注册开始到黄金购物流程的行为，也叫下单行为分层。

· 从授权注册开始，我们需要将新用户留下来，进行优惠券包和拳头商品的组合包之后刺激用户能下首单并走完全流程。

· 活跃浏览。用户开始在平台内逛起来，这时需要在平台尽可能多的资源位露出核心促销活动点，在社群、公众号等流量渠道进行用户推送。

· 加购关注。用户加购后，购物车页面一方面会有更多关联品类推荐，同时所加购商品会智能提醒用户所选商品的组合优惠形式；另一方面如果还未下单，在一段时间后，服务通知会自动下发结算提醒。

2. 用户属性画像分层

用户属性分层是指根据用户画像、用户品类偏好等数据进行分层，通过对每个用户的同类属性进行归类，提供需求品类。

· 年龄区间。对于零售行业，人物属性比较有特点，年龄层最大的一个区间在 30~39 岁，京东用户最大的年龄区间在 25~29 岁。对于年龄区间，我们需要进行网购认知和消费力分析，往往年龄偏大，网购的教育成本是偏高的，以至于我们在做线下拉新获客时很多次都需要进行亲手引导。

· 职场差异的区别核心点是分析“消费力”和“消费水平”。新零售用户最大的职场差异区间在于“居家辣妈”，其次是“社区大爷大妈”。有了这两个用户画像，我们需要分析他们的购物客单价、购物频次、日常购物环境、日常购物决策偏好等因素。

· 品类差异是根据线上五大品类的应用场景来区分，五大商品品类，对应的用户策略自然存在差异。“鲜食”品类对应居家做饭应用场景，“母婴”品类对应辣妈奶娃应用场景，“个护”品类对应精致生活日常消费应用场景，“家清”品类和“个护”品类类似，对应生活日常消费应用场景，“休食”品类对应办公室或学校下午茶休闲场景。从应用场景出发，商品结构和购物件数反映出来的库存周转周期和策略同样会有差异。

（三）建立用户行为激励体系

做新零售业务，有不同的用户组合群体：消费者、门店拣货员、配送骑手。这三类人员是最基本的群体，每一类人员对于业务的发展都扮演不同的角色，因此我们试图通过对应的差异化激励方式驱动这三个群体。这里先重点分享真实用户的行为激励体系。

1. 微信群老带新，团队分佣

微信群具备此类玩法的应用场景，初期我们建立团队制，利用核心活跃的老社群用户组成团队，团长通过在群内分享下单页卡，若产生交易，则分佣给老社群用户。一方面可以缓解总部社群微信群运营的工作压力；另一方面可以通过规范化的流程操作培训满足社群转化和拉新需求。

2. 线下获客，分销分佣

线下获客，通过门店促销员、真实用户，生成个人专属二维码，邀请其他用户进行扫码下单，则原促销员可以获得佣金，从 1.0 至 3.0 的迭代，基于佣金和品类机制的不断完善和优化，佣金给予真实用户的激励形式应该成为拉新获客阶段最有效的手段。

3. 激励操作，权益变现

用户在平台留下的任何一个足迹，其实是已经被记录的，所以这也可以成为一个激励的切入点。用户在平台浏览超过 40 秒，我们会给用户 10 个积分值作为用户成长值；用户当天下单超过 3 单，同样给 10 个积分值；用户分享小程序页卡获得 1 个积分值。这都是用户真正操作行为中的激励措施，最终积分权益可折现，在交易时可以进行抵扣。

五、高效高质拉精准用户

（一）明确平台的“惊喜时刻”和时长范围

任何平台 / 产品对于用户体验而言，都希望“快、准、狠”地让用户找到核心价值，甚至延伸出产品的附加价值，拉动更多的人群。这个过程先暂且称为用户的“惊喜时刻”，“惊喜时刻”是感官的体验表现，也能反映出一款产品的市场竞争力。“惊喜时刻”同样可以被量化和定义。不同平台的核心功能不一样，“惊喜时刻”的表现自然不一样。

这里拿 O2O 电商平台举例，我们不妨拿 3 款成熟的 O2O 平台（盒马鲜生、每日优鲜、叮咚买菜）作为选择项，根据每个平台受众用户画像最广的那部分，分别挑选 10 个老用户，总共 30 个用户交叉座位，互不干扰，每人给予 70 元测试金（70 元最接近 O2O 平均客单价）。

测试前不给任何限制和时间说明，只要求在场所有用户务必花完 70 元买到近期的刚需品或潜在最想要买的商品即可。测试的目的是统计并评判哪个平台对于老用户购买刚需品的时间最短。

这个结论正好考验了平台从选品、精准触达到购物路径及促销各方面出发的最好的用户体验时长（假定单个用户在盒马鲜生消费客单费用时长为 3 分钟，则把 3 分钟作为“惊喜时刻”的参考值）。

这个时长就是所有的“惊喜时刻”。

（二）找准潜在用户，扩大“惊喜时刻”受众面

“惊喜时刻”一方面越短越好，这要求平台无论是产品端还是运营端都需要很好地配合和打磨，将购物体验打造到极致才能得以发挥；另一方面就是受众宽度，受众宽度要求我们精细化用户画像属性，将种子用户群体区分为核心群体和近特征群体，而这一步需要做的就是不断将近特征群体转化为核心群体，从而拓宽核心目标受众。

上面的案例，我们的样本是用户画像占比最大的部分，例如占比 30% 的 40~45 岁女性群体。至少这 30% 的用户群体最接近“惊喜时刻”，接下来的 70% 就是很大的空间，精细化每个人群包就是这个阶段的优先级最高的事件。

我们现在需要将 70% 的用户包分层，将这部分用户科学化地拆解，和最初的 30% 进行比对并打分评级，得分最高的用户群体则是受众面的宽度来源。

实操过程：我们将目标 30% 的用户画像用消费客单、消费频率、消费末单时间（RFM 模型）进行拆分，在拆分的过程中我们将 3 个维度都按权重占比进行划分。我们开始对 70% 的用户按照这 3 个维度拆分，并注意比对和打分评级，如表 1–1 所示。

表 1–1　消费客单、消费频率、消费末单时间拆分

30% 核心目标群体							
	消费客单价	权重占比	消费频次	权重占比	末单消费时间	权重占比	
	≥ 70 元	40%	≥ 1.5 次 / 周	40%	0~7 天	20%	
用户群 A	10% 近特征群体 A						
	消费客单价	权重得分	消费频次	权重得分	末单消费时间	权重得分	总得分
	≥ 70 元	100	<1.5 次 / 周	80	0~7 天	100	280

续表

	20% 近特征群体 B						
用户群 B	消费客单价	权重得分	消费频次	权重得分	末单消费时间	权重得分	总得分
	50~70 元	80	≥ 1.5 次 / 周	100	0~7 天	100	280
	15% 近特征群体 C						
用户群 C	消费客单价	权重得分	消费频次	权重得分	末单消费时间	权重得分	总得分
	50~70 元	80	<1.5 次 / 周	80	0~7 天	100	260
	10% 近特征群体 D						
用户群 D	消费客单价	权重得分	消费频次	权重得分	末单消费时间	权重得分	总得分
	30~50 元	60	≥ 1.5 次 / 周	100	0~7 天	100	260
	5% 近特征群体 E						
用户群 E	消费客单价	权重得分	消费频次	权重得分	末单消费时间	权重得分	总得分
	30~50 元	60	<1.5 次 / 周	80	0~7 天	100	240
	8% 近特征群体 F						
用户群 F	消费客单价	权重得分	消费频次	权重得分	末单消费时间	权重得分	总得分
	<30 元	40	≥ 1.5 次 / 周	100	0~7 天	100	240
	2% 近特征群体 G						
用户群 G	消费客单价	权重得分	消费频次	权重得分	末单消费时间	权重得分	总得分
	<30 元	40	<15 次 / 周	80	0~7 天	100	220

通过对余下 70% 的用户 RFM 分析，我们基本可以圈定用户群 ABCD 为“惊喜时刻”的潜在用户范围。根据这几类人群的用户画像、年龄层、职业等明确产品价值的“惊喜时刻”和用户人群的适用高潜群体。这对于我们的增长方向提供了扎实且有依据的保证。

（三）从点到面，从触点到规模化增长

用户增长是一个过程，是一个从小点到大面的过程。其间会经历各种不同的分支途径，最终可以产生转化的用户少之又少。所以，在高漏斗低转化的过程实现规模化的爆发，唯一且有效的方式是不断扩大基础流量池和流量来源，如图 1–7 所示。

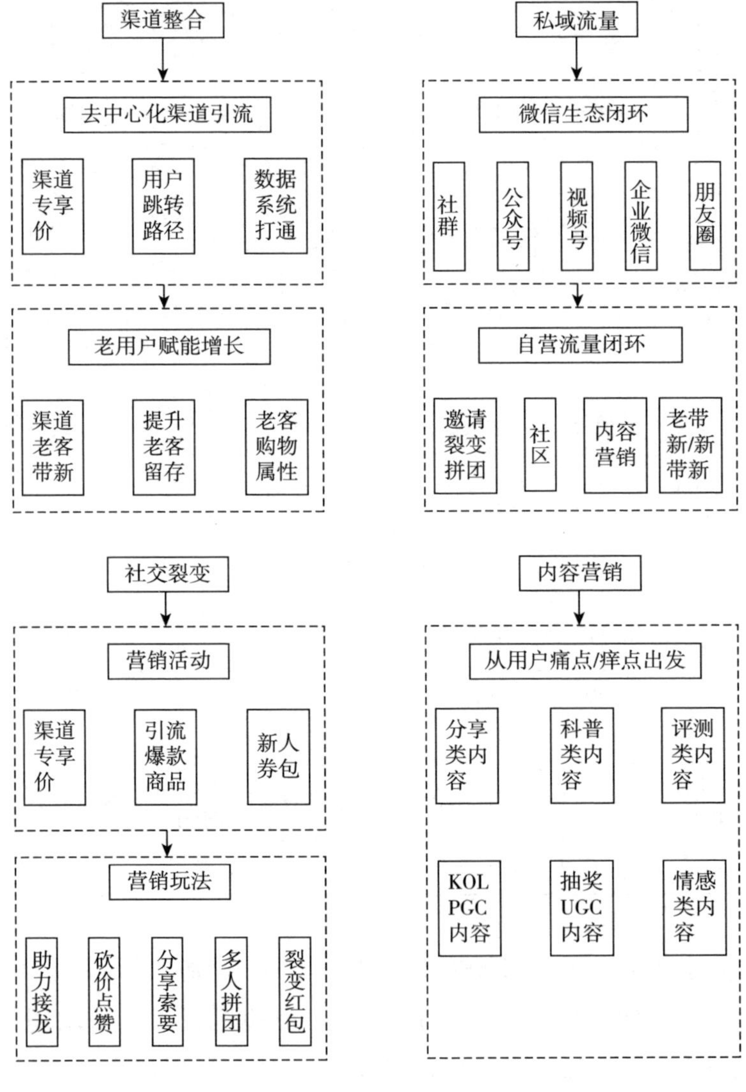

图 1–7　用户增长过程

1. 整合渠道促增长

渠道整合特指当前企业已有的成熟渠道，例如公众号矩阵、小程序矩阵等已经有存量用户的渠道。在这个环节我们需要重点关注的是如何高效地往目标平台导流。

有渠道、有存量则离不开固定的老客群体及成熟的产品体验，而实现用户的规模迁移，前提是利用已有的产品链路让老客很自然地接受迁移和价值发挥。

（1）产品链路的打通

拿公众号举例，提高公众号用户的渠道专享价，这部分用户享受的优惠率和商品是独立存在的。利用公众号多的触点进行触达：自定义菜单、关注回复、渠道专项专题页推文，以及制定用户包推送细节触点都可以进行精细化运营。

（2）老客拉动新客增长

这部分已经有品牌黏性，用户迁移过后的第一步是提高转化率和留存率。除从商品的角度推送偏好品类外，还需要额外增加高频高动销商品的露出。

优惠券的补贴率可以保持和新客同步并逐步减少，在转化和留存之间过渡。稳定老客之后，增强老客拉新的补贴能力，启动邀请拉新。根据单个用户 CAC 成本核算补贴，给予老客补贴。

2. 私域流量促增长

私域流量管理对于用户的留存和复购是比较好的实现形式，基于好友关系链的信任价值，私域流量也成为用户规模增长的最优解之一。

私域流量通常拆解为两部分：一部分是微信生态下的私域流量，用强大的好友关系链，也有天然社交传播渠道；另一部分是 App 内的私域流量池，这部分流量池的优势在于核心的精准用户，具备忠诚化的品牌黏性，同样可以成为老带新的种子群体。

（1）微信生态下的流量闭环

多触点、多样式、多内容传播是微信生态下的渠道属性，属性多样势必要求我们在内容输出方面有很明确的差异化打法。

· 微信群主推爆品，优惠券及助力玩法营造群内活跃互助的氛围。

· 视频号则是典型的内容平台，高质量的商品信息短视频和魔性病毒品牌传播同时增加页面跳转链接数。

· 公众号属于典型的被动式营销平台，可关联小程序作为主动触达的渠道功能。例如用户的订阅提醒、活动预约通知都可以通过公众号触达。良好的公众号服务一定是获客增长的利器，例如购物后的物流信息提醒、交易过程中的拼团进度、交易完成后的通知等。

· 朋友圈、附近的小程序、发现小程序都是微信生态下的场景触点，联动使用可以给流量带来不错的成效，这也是腾讯布局的多触点运营矩阵。

（2）自营私域流量闭环

自营私域流量的优势在于已经有足够的老客，即目标核心群体，对品牌黏性高。这部分用户的最大价值在于老带新，并且引导新带新。

一方面促销式的获客，例如拼团，这部分促销式获客控制点可以增加多个维度来提高增长系数、拼团的人数、商品的促销梯度价格。两人拼团，每人实付价 9.9 元；三人拼团，每人实付价 7.9 元。以此类推，通过价格导向来引导老用户拉动新用户。

另一方面平台内部的社区需要搭建，产品形式可以和社群类似，但是具备的功能属性不一样。对于 App 的业态，如果要从微信群内跳转，漏斗流失可谓巨大。如果社区搭建在 App 体系内，高效的跳转和直达对于转化和留存比微信群直接，且对于运营方有更加灵活的操作空间。

3. 社交裂变促增长

社交裂变的应用随着拼多多的异军突起，战火从京东燃烧到淘宝，全民砍价和助力的链接满天飞。通常我们区分营销活动和社交玩法，营销活动更多地定位平台购物场景，即从用户的购物环境到新客引入的增长过程；社交玩法更多地定位传播场景，即从点到面的规模化增长过程。

（1）站内营销活动的应用

站内营销活动的类型很多，档位排布也不一样。真正能帮助用户增长的活动聚焦新人专题，页面通常需要选择 10~20 款 SKU，价格带基本都是平台促销最低价，用商品成本来拉动新客，最后会搭配一个 3~5 张优惠券的券包，提高用户复购单的拉动。

通过新人专题页面拉来新客，持续监测该用户的下单行为，从 1 单用户转化到 2 单，从 2 单转化到 3 单、4 单……不一样的阶段享受的优惠券补贴也有差异。其核心目的是不断培育该用户的 LTV。

（2）社交玩法的设计

社交玩法的重要因素有：玩法模型、传播动力、参与成就感、成本核算。4 个关键性指标同时满足，活动效果自然不会差，如图 1–8 所示。

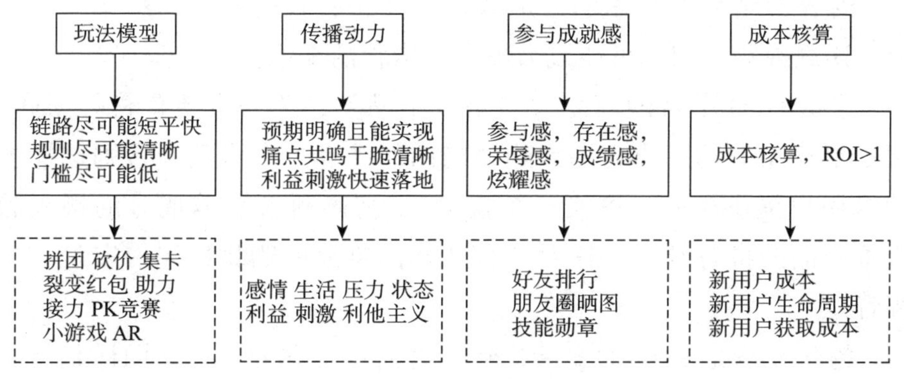

图 1–8　社交玩法的因素

· 玩法模型尽可能短平快，用户在 1~2 分钟内可以操作完成全链路，规则和路径都清晰明了，甚至不需要文案解释，按钮的引导即可完成整个新手引导。

· 传播动力是观感层的体现，也是玩法自主传播的核心动力，用户为什么需要传播到微信群、朋友圈，因为痛点恰好和他的心思相互呼应。

· 参与成就感与传播动力同理，其和传播动力的差异在于前后逻辑关系，参与成就感是参与之后获得的公共认知的认同感，是外界带来的，而传播动力是自己带来的。

· 成本核算，就是获得的价值和投入的价值，我们需要保证方的 ROI>1，说明这个模型处于健康可持续状态。

我们拿跳一跳举例。跳一跳 1.7 亿日活跃用户数（DAU）的背后，为小程序拉入近千万的新客。我们拆解为以下几个维度：

· 玩法模型相当简单，点击屏幕控制小球的跳动，基本为零教育成本。

· 传播动力首先来自新鲜感，其次来自微信环境内的氛围烘托，大家都在玩，我也想试试。

· 参与后的好友排行是成就感的体现。

4. 内容营销促增长

内容营销从不缺乏创意形式，短文字、长内容、长图文、短视频、连载视频系列都可能成为爆发式增长的来源。

生鲜 O2O 平台的商品大多是餐桌品类，关联生活食材。因此，时令果蔬品的选择成为用户购物前的纠结点。大多数平台则选择主动给用户提供内容（图文、短视频），清晰科普营养成分的摄入和应季商品的推荐补足，这对于有选择困难症的购物群体一定是一个福音。

粉丝经济是 KOL 的先天优势，直播带货和分享推荐同样是当前推动电商行业发展的助推器。

之前百度的一条短视频“这都是个啥”疯狂刷爆网络。大妈的原型本身具备亲切信任感，利用社会流行话术脱节的无奈感，来放大母子关系的疏远。这印证社会化的发展是灵活多变的，今天有亿万网民的爆梗，明天也会有解答一切的百度。

不得不说，这是一条很有含义且值得推敲的内容营销用户增长的案例！

六、差异打法，实现用户多维激励

用户激励机制，即运营方通过利益刺激，激发和引导用户行为，包括用户体验、用户活跃、用户转化、用户留存及用户付费。这个过程对于用户而言，是进行怎样的操作可以获得怎样的奖励；而对于运营方而言，就是如何建立激励机制，并且确保 ROI>1，实现更大化的价值。

这里的激励主体是平台和消费者，需要在两者之间产生激励关联，我们区分 3 个层次来看，并尝试把每一个层次独立来看，整座桥梁就自然连通。3 个层次分别为：内部需求层、内外连接层和外部承接层。用户激励机制，如图 1-9 所示。

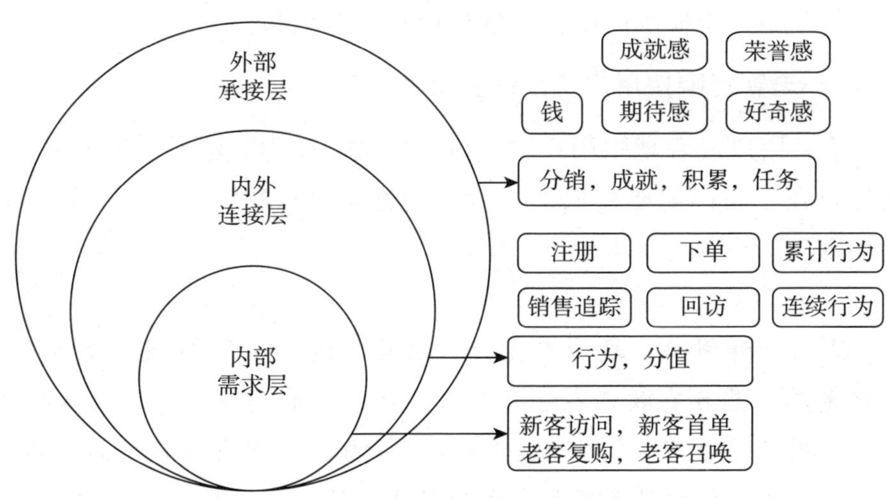

图 1-9　用户激励机制

（一）内部需求层，基于平台需求设置

在搭建新零售的过程中，用户激励的设立会跟随业务的发展而调整。从拉新、转化到复购和流失防御这条主线来看，我们列举以下几个核心需求：

1. 新客控制 CAC，理想 LTV/CAC ≥ 1

业务前期的拉新获客是我们应用激励的第一步，对于新客本身的转化而言，我们需要投入新客礼包 + 拳头商品 + 免邮券组合引导转化确保首单。LTV 需要经过 3~4 周的时间看反馈数据来预估，同样也能作为 CAC 的目标值来不断调整券包和商品成本，这个阶段通常是平台拉种子用户的关键期。

2. 老带新 / 新带新，确保 LTV/CAC>1

在拉新获客过程中，我们经常用到的激励方式就是通过现金让老用户 A 和新用户 B 去主动拉更多的新用户 C，这样不但 C 用户可以享受到新人礼包，且 A 用户或 B 用户还能享受到一笔佣金。这也是大多数平台引用的“好友推荐”模式。这个阶段业务在市场内已经有一定认知，新人礼包和佣金的综合成本务必小于 LTV，确保新用户能产生大于成本的价值，这样业务才有盈利。

3. 老客复购按用户特征设置激励规则

给老用户或者高频用户在支付后发放复购券，激励、刺激复购。关键点在于我们需要根据消费者的购物频率和购物偏好合理设置激励规则。

高频生鲜用户，我们在支付成功后，返 1~2 张 49 元门槛的 8.5 折优惠券，并且有效期在 2 天内；洗护品类的用户，我们在支付成功后，则返 1~2 张 89 元门槛的 8 折优惠券，2 周有效期，如濒临过期还未使用，微信服务通知会主动触达，给用户提醒回流核销。

4. 生命周期有限，合理激励流失用户

流失用户对于平台而言在所难免，除了不断输入新客外，还可以重点激励原核心 S 级用户。这部分用户仍然有强高频的购物需求，只是他们都“被转向”竞品平台享受新人福利。这时候的激励措施需要从 VIP 入手，满足他们在平台的成就感和特殊感。

邀请成为我们的社群团长，每个人独立参与管理，在群内下单可以拿到佣金和折扣券福利；邀请成为社区推广员，在社区群或者小区内分发带有专属二维码的传单，同样可以享受佣金福利。这部分用户的利用率也很高。

（二）内外连接层，行为和分值连接内部需要和外部呈现

平台产生了新客和老客的激励需求，需要设定机制让用户能够感知且愿意参与进来，这个过程称为连接层，也就是机制设定。

1. 从用户行为出发，设立合理的机制引导目标达成

细化到用户的操作行为：用户的访问、访问深度、访问时间、商品详情页面、加车数、分享数、下单数、好评率都可以成为机制的核心部分。

大促活动，给用户设定任务成就玩法，完成 3 项任务后可获得 9.9 元现金折扣。

第一，用户需要在当天内浏览 5 款商品的详情页面。

第二，用户需要分享，得到 2 个用户的助力。

第三，用户需要至少下 1 单（客单价大于 89 元）。

三步操作行为的设置也是根据往期用户的平均值设置，所以整体门槛不会太高，而 9.9 元的现金激励刺激也比较明显。

2. 从数据分值出发，设立合作的中间值引导目标达成

数据分值的应用更多在于一些持续性激励玩法，比如签到、勋章和积分类，这部分称为周期性奖励，通常设置一个短暂的和一个长期的激励计划，让用户不需要等太久就能拿到一部分奖励，且长时间后又能额外获得一个终极彩蛋，从而在用户预期上做好管理。

设置签到玩法，用户连续签到 3 天获得一张 8.5 折的 99 元无门槛券，连续签到 7 天即可获得一张 8 折的 168 元无门槛优惠券。在积分方面，每次下单都能积累 100 分，用户保持在一周内下单 1~2 次，即可兑换优惠券或者大力度的商品秒杀必中资格。从长期来看，积分越高，可兑换的实物商品、虚拟权益也会越大，周期性的奖励价值也越明显。

（三）外部承接层，重权益轻规则

1. 消费者任务体系激励

任务系统为设立一个或多个任务，实现任务目标后，即可获得指定奖励计划。在日常运营过程中，我们会设置用户分享、助力、加车等小玩法，用户参与门槛低，可获得的奖励自然不会太高；通常在大促或节假日节点设置系列任务，在当天必须同时满足 3~5 项门槛，且每项门槛都跟运营核心指标绑定，拉动整体数据健康度，用户最终可获得一个较高额度的奖励。

2. 消费者权限体系激励

用户权限体系和用户分层紧密相关，设置的前提是需要把用户包按照 RFM 模型划分，给予 S 级用户专属高级权限。例如给予 S 级用户专属二维码，以便自助获客拿佣金；下放社区团长身份权限，负责小区的团购，并按单量给予佣金。

3. 消费者等级体系激励

等级体系，在游戏内是常见的激励方式，等级越高，意味着权益越大，同时用户与用户之间的成就感也会越多。我们将等级按照积分来评判，低于 1000 积分定义为初级用户，1001~3000 积分定义为中级用户，大于 3001 积分为高级用户。每一档用户享受的优惠券、秒杀权益、品类权益、免邮政策都会有差异。

4. 消费者情感体系激励

· 专属感（VIP 专属优惠、VIP 专属分销系统、VIP 专属商品）。

· 成就感（周期签到获得终极大奖，多人助力获得实物奖品，累计完成 N 单获得现金奖励）。

· 荣誉感（解锁特定大促任务系统，获得特殊礼包奖励；解锁完成平台周期任务，获得荣誉勋章；被邀请参与门店 Open Day）。

在外部承接层的各个体系被打通后，留意一个核心点：利益刺激诱导务必明显且突出。一个激励的背后意味着需要用户去完成一些门槛才能得到奖励，奖励是用户唯一的驱动力，因此需要重奖励且反复沟通到位。

用户激励机制是一把双刃剑，运营策略拿捏准确，可以高效提升平台的业务指标；用户激励的实质是加快消耗用户生命周期，一旦用户产生疲劳感，就会加速用户的流失。

七、深度调研，进一步了解你的用户需求

用户调研对于任何一个互联网平台都是必不可少的部分，一系列的用户分析和分层的前提都来自对用户的足够“熟悉”，这个“熟悉”离不开有效的用户调研。

用户调研是一个良好的开端，可以有效捕捉种子用户的需求；它也是一个漫长的过程，可以助力平台发展任何一个经得起用户考验的事件；它更是一个结果，可以验证过程中搭建的运营模型。

我们不妨将“用户调研”分为“存量研究法”和“增量研究法”两种，这两部分研究的主体分别是平台已有用户研究和平台未知用户研究，并且两部分的研究形式、目的都有差异。

（一）老用户调研：存量取样研究

存量研究法是实战性的过程，致力于分析当前用户的行为规范、品牌认知、意见反馈等内容，主要目的是应用于平台老用户提频和留存等功能。

从广义上讲，存量研究法是客观且具备结构化的，对于存量研究，我们调取的样本精准且按属性分布，拿到的结果和反馈通常都是平台客观存在的真实问题。通常存量研究有四种形式：线下情景访谈、一对一互动访谈、在线问卷、电话回访。我们重点分析线下情景访谈及一对一互动访谈。

1. 线下情景访谈结构化结果导向

在线下情景访谈的全结构化用户调研过程中，被调研者由 8~10

名各个层级属性的用户组成，在会议室举行。情景结构访谈遵循以下几个原则：

· **情景氛围贴近家庭：**会议室内部布置模拟家庭餐厅的布置，有轻音乐和甜点，完全还原家庭网购环境。同时，在内部安装单层透视玻璃和摄影设备，外部则设置独立小隔间，用户监控内场和处理突发问题。

· **人员设置明确分层：**工作人员设置包括 1 名内场主持人、2 名内场控场员（服务和话题陪聊）、1 名内场会议记录员及 3~4 名外场平台运营 / 产品人员。真实用户则按照线上分层，区分年龄、职业、性别等标签甄选 8~10 名社会人士参与，相互没有交集，核心目的在于校验线上用户分层策略。

· **软性引导话题切入：**谈论环节从生活习惯入手，引导生活化话题，如作息时间、购物位置、购物偏好、网购习惯、家庭平均收入、家庭人员组成等。沙发区逐一讨论访谈，并且开展自由式公开话题，引发全员共鸣，核心目的在于了解分层用户的差异化特点和对平台 / 竞争平台的了解。

· **情景抛物式过程调研：**抛物引入是情景访谈过程中的核心环节，经过上一轮的生活化话题讨论，我们需要给现场所有用户 4~5 款新零售平台（华润、永辉、天虹、家乐福等），每人提供 200 元购物津贴，在 10 分钟内消费完，用户可根据实际情况和需求购买，最终 10 分钟结束，我们需要用户打开购买记录并逐一访谈购买原因和购买选择过程。这个环节的核心目的在于真实还原用户购买过程中的实际体验。

· **拿到结果反推产品：**环节结束后，用户离场。接下来的工作需要整体复盘，复盘的主要目的是通过情景访谈拿到结果并提供产品 / 运营层面的调整策略。复盘环节集结在场的所有工作人员，投影设备逐一回顾相关会议记录，从用户信息 — 用户体验 — 用户反馈 — 品牌认知 — 用户痛点等层级进行区分整理并安排输出 BRD 文档，拿到最有效且最真实的结果反推产品和运营的优化。

2. 一对一半结构化互动访谈

之所以称为半结构化访谈，原因在于没有太明确的主体流程和规范式话题，更多的是采取现场即兴式的提问和走访。一对一半结构化互动访谈遵循以下几个原则：

- **走访线下门店找寻目标用户：**走访客流较多的门店，样本选择也会更多。尽量在非购物高峰时间段在门店筛选用户。横向维度按照进店前的顾客、逛店的顾客、结账准备离场的顾客进行区分，纵向维度按照品类区域位置的顾客、年龄、性别进行筛选，再细分一些可目测孕妇、学生、大爷大妈等具备明显特征的顾客。
- **主动切入 5 分钟互动访谈：**线下用户对于接受访谈一定是具备防备心理和不自然表现的，所以主动切入话题的前 5 分钟务必设置一些有关官方、利益、生活化三个层面的话题。例如，“您好，打扰了！我们是 ××× 工作人员（主动亮工牌），今天我们在门店做一个有奖调研活动，只需要简单聊一下关于购物方面的体验，就可以免费送您一张 50 元的购物券。大概会耽误您 10 分钟的时间，不知道您是否方便？”
- **把握黄金 5 分钟拿到结果：**主动切入话题后，用户放下防备心理，开始主动切入话题。按照人员划分了解用户线下购物习惯、线下购物频率及客单价，是否了解线上购物平台，在线上购物平台的购物习惯是什么。如果是新用户，则可以利用 50 元购物券互动式教育用户线上购物体验。
- **对 5~10 个样本结果进行复盘：**一对一互动需要重点复盘。集结线下所有采访员优先提供样本基础信息和采访内容。每类用户的样本最好挑选 2 个采访员，用户校验信息的真实性，按照用户信息 — 用户体验 — 用户反馈 — 品牌认知 — 用户痛点等层级进行区分，同样反推产品和运营的优化。

（二）新客调研：增量取样研究

增量取样研究和存量取样研究的最大差异在于用户群体的不同。对于业务方而言，新客的扩张和获客成本的加大，获取精准的用户途径同样成为核心难题。

两种研究法的共同点在于都属于半结构化或者结构化。增量取样通常分为线下情景访谈结构化结果导向和线上大数据下的用户研究。

1. 线下情景访谈结构化结果导向

和存量研究法类似，情景式访谈可同存于不同用户群体之内。需要留意的是，因为目前用户群体是全新用户，所以方式会有所不同。

· **单个用户找群体用户：** 需要获取批量用户，务必介入平台已有的 S 级用户，例如社群团长的角色。给予 300~500 元的奖励机制，需求在周末召集本小区的 5~8 名新用户。社群团长已经有足够的物业资源，并且拥有小区内熟人关系链的优势。

情景人员结构设定：工作人员需要 1 名主持人，1~2 名产品 / 运营（同时做会议记录）人员；真实用户包括社群团长、5~8 名新顾客，顾客仍然按照年龄、职业进行简单区分。

· **场地氛围结构设定：** 增量新客的调研，无须考虑细分用户的购物环境，选择最自然且没有任何装饰的场地，保持自由化互动氛围即可。场地可以选择小区内的花园、广场相对空旷且空气清新的地方。

· **茶话会开放式互动谈论：** 茶话会是新客情景互动应用最多的案例之一。在组织讨论前同样会安排一些简单的零食分发，并从生活化内容的话题开始切入，如询问家庭成员、家庭生活状态、家庭收入，其核心目的是了解新客用户的基础信息和购物信息。

· **引导式线上购物讨论：** 茶话会的下半部分重点在于引导用户线上购物。首先，引导式询问并了解相关意愿，是否愿意接受网购，不愿意接受的原因。其次，是否有使用过其他平台的服务，服务体验怎么样。最后，在各个环节可以介绍业务的特点、优惠券、促销、商品、活动、免邮券等内容，如果用户愿意现场尝试，还可以赠送50元优惠券礼包让用户下单转化。

· **茶话会探访复盘拿到结果：**人员离场，集结在场工作人员和社群团长。首先，回顾会议记录，对上述用户从各个维度进行复盘。其次，发挥社群团长的功能，做后续的人员追踪，例如促销信息的转发、软性品牌宣传等，促进新客转化。

2. 线上大数据下的用户研究

基于微信 LBS 广告生态，我们可以抓取并区分需求用户包。这部分用户包通过朋友圈广告、公众号广告进行触达和投放，在投放的同时有技巧地将促销广告和问卷相结合。在收集用户信息的同时，推出品牌利益点。

· **种子用户包的精准挑选：**朋友圈广告的锁包投放可以提供在人群标签上的细分选择，这在很大程度上可以帮助我们过滤无效人群。标签的选择也取决于平台业务的现有人群比例。

· **广告式问卷调查：**除了常规的促销活动锁包投放，在此可以搭配一些问卷收集的功能，以满足研究的目的。

活动页面头部常规搭建促销主题和商品推荐楼层，在活动中部，我们增加简单的问题收集区，提出2~3个核心问题，并且引导用户回答问题即可领取优惠券。这几个问题的设置很关键，因为我们已经对用户做过一次筛选，所以无须用户属性层面的问题。立足于用户对品牌认知、网购最关心的吸引点、竞品的了解等，从业务层面入手深入了解用户需求。

做业务，任何一个阶段都离不开用户研究，精准、有效、适宜的用户研究是运营策略提供的灵魂，而脱离用户研究的分层和激励都是做无用功。

第 2 章
数据分层进行结构化分析

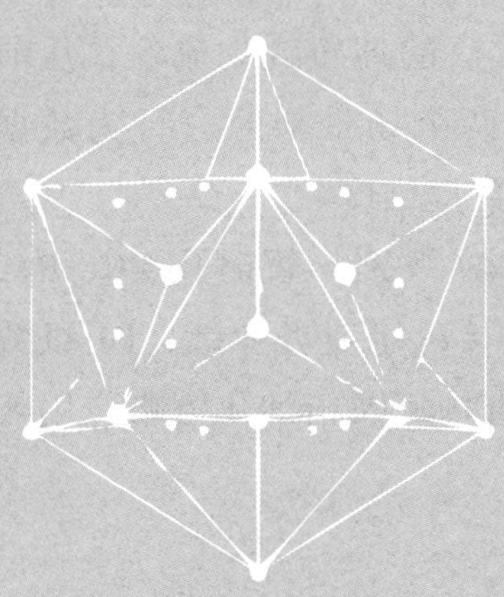

一、不同维度的平台运营数据

正确的模型可以有效地分析和把握业务发展趋势，也能够直观地反馈业务的健康度。而模型的基础就是“大数据”，不同维度的细节数据不断地被积累和应用，才能给模型输送新鲜血液并产生价值。

数据本身是具备抽象性的，几个数据的排列组合没有任何意义，这要求我们在提取和基于业务本身的场景来公式化数据的价值。下面重点跟大家分享取数的逻辑，并对对应的策略逐一拆解细分。

（一）基于业务流程和场景划分数据优先级

新零售业务模式立足于线上 + 线下，除了大部分线上的核心数据外，线下的数据至关重要。线上前端的运营，线下门店的履约，过程和结果数据细分多而杂。在纷繁复杂的大数据环境内确保业务健康发展，需要我们基于业务本身的黄金流程明确数据优先级，抓大放小，就重避轻。

我们先假设一个新用户首次进入平台后的理想购物流程，从前端销售到后端履约两个大场景，基于这两个场景来区分行为数据（见图 2-1），归纳目前业务的大部分主流数据维度。

下一步，我们需要将数据维度池区分级别，暂时用 P0、P1、P2、P3 来代替重要优先级，P0 级数据直接决定业务业绩，P1 级数据直接体现业务健康度，P2、P3 级数据直接反映精细化策略应用效果，如表 2-1 所示。

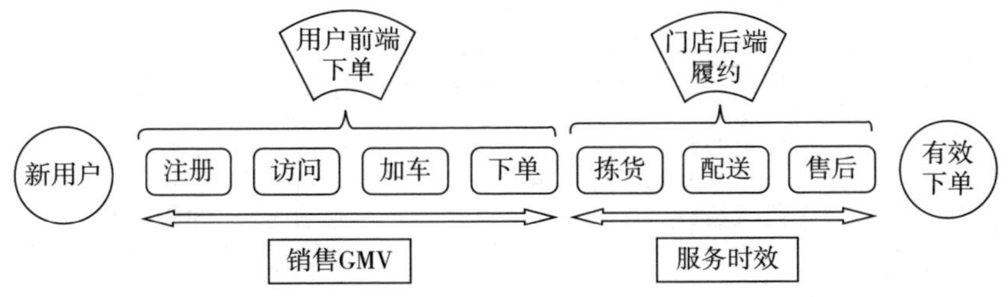

销售		用户		商品	促销	拣货	配送	投诉
销售GMV	订单量	UV	来源	动销率	补贴率	人效	人效	投诉率
毛利	客单价	PV	停留时长	渗透率	核销率	坪效	人员成本	差评率
加车率	商品件数	CAC	新客	库存深度	折扣率	人员成本	配送时效	
转化率	跳转率	LTV	用户画像	损耗率	领取率	拣货时效	配送履约率	
复购率	支付率	RAPU	留存率	缺货率		拣货履约率	接单时长	
	履约完成量		流失率				到店时长	
							未接单率	

图 2-1　大部分主流数据维度

表 2-1　数据维度池区分级别

	销售	用户	商品	促销	拣货	配送	投诉
P0	CMV	UV	动销率	补贴率	拣货履约率	配送履约率	投诉率
	毛利	新客	渗透率				差评率
	履约完成量						
P1	转化率	留存率	缺货率	核销率	拣货时效	配送时效	
	复购率	RAPU	损耗率	领取率	人效	人效	
	订单量	PV			坪效	人员成本	
	客单价	流失率			人员成本		
		LTV					
		CAC					

续表

	销售	用户	商品	促销	拣货	配送	投诉
P2	加车率	渠道来源	库存深度	折扣率		接单时长	
	跳转率	停留时长				到店时长	
	支付率					未接单率	
P3	商品件数	用户画像					

（二）P0 级数据直接决定业务的效果

P0 级的数据维度并不多，重要且核心。简单而言，P0 级数据的好坏直接决定业务的效果。

1. 销售具备唯一决定性

· GMV= 订单量 × 客单价（通常看上账 GMV，用户支付完成的最终订单量和客单价）。

· 毛利 = 商品实际收入 – 商品总成本（商品毛利是过程指标，最终月度净毛利需要剔除人工成本、促销成本等才做最终考量）。

· 履约完成量 = 总支付单量 – 未成功配送单量的单量（需要在总支付单量内减掉用户主动取消、缺货、配送异常等情况，该指标的上账 GMV 会被记录到月度利润表内的最终 GMV）。

2. 用户具备销售量级决定性

· UV= 某一时期进入平台的人数（这里指人数，而非人次）。

· 新客 = 首次访问平台的新用户（对于运营而言，一个很重要的环节“拉新获客”，就是在为这个指标服务，可见其优先级之高）。

3. 商品决定销售宽度和深度

· 动销率 = 售卖的 SKU 数 / 平台总 SKU × 100%（直面反馈商品结构的健康度）。

· 渗透率 = 某个品类销售 GMV/ 平台总 GMV（这个指标特指平台对某个品类的重视程度而引起的资源倾斜有效性，例如我们平台主打生鲜，就会关注生鲜渗透率）。

4. 促销决定投入的多少

补贴率 = 总补贴成本 / 平台总 GMV（通常补贴包含优惠券补贴成本、商品促销成本、邮费补贴成本等）。

5. 拣货履约率和配送履约率决定履约服务时效

· 拣货履约率 = 规定时间内完成的拣货单量 / 总订单量（线下的场景多而杂，货员拣货效率、智能设备的引入、拣货仓的合理布局、拣货路线的合理设置、拣货员人手交班安排都是影响因子，而这个履约率则起到考核作用）。

· 配送履约率 = 规定时间内完成的拣货单量 / 总订单量（和拣货履约率同理，骑手的骑程距离、骑手的规范性都是影响因子）。

6. 投诉决定平台口碑

· 投诉率 = 投诉单量 / 总单量（该指标相对宽泛，投诉也分很多原因，有 A、B、C、D 不同档位，不同档位分别制定处理制度和索赔制度）。

· 差评率 = 差评单量 / 总单量（差评会有多个类型，例如商品差评、配送差评等，总的差评率考核整个平台的服务效率）。

（三）P1 级数据校验 P0 级数据的健康度

P1 级的数据维度相对于 P0 级开始增多，且 P1 级的数据开始细分，所承担的职责都是为 P0 级服务。

1.P1 级的销售校验模式的可持续性

· 转化率 = 有效订单量 /UV（通过公式一目了然，我们需要记录用户从进入平台到产生交易的笔数，这个过程用转化率来定义），转化率的好坏从侧面也能反映平台对用户是否友好（商品、体验、促销、购买流程等）。

· 复购率≥ 2 单的下单人数 / 总下单人数，复购率的好坏同样能反映平台的友好性。

2.P1 级用户校验用户管理的有效性

我们提到过用户管理，无论是成本管理还是周期管理，都在这个级别内，这时需要看两个很重要的指标，即 N 日留存率和 N 日流失率。

· N 日留存率，是指指定时间段的活跃用户，在之后的第 N 天再次访问平台的用户数占比。对于零售行业，我们通常看次日访问留存和 7 日访问留存。

· N 日流失率，是指指定时间段的活跃用户，在之后的第 N 天内没有访问平台的用户数占比。对于零售行业，我们通常看次日访问流失和 7 日访问流失，以及 30 日访问流失。

· LTV 和 CAC 分别指用户生命周期和单个用户成本，LTV= 每月购买频次 × 客单价 × 毛利率 ×（1/ 月流失率）。LTV 的值是一个预估值，预估一个用户在评估中能活跃多久。

· CAC= 市场获客费用（广告 + 拉新 + 宣传等）/ 有效人数。LTV 和 CAC 的组合比率非常重要，LTV/CAC>1 说明业务盈利。

3.P1 级商品数据校验商品的上架率

缺货率 = 用户下单前缺货无法下单的商品数 / 总商品数

4.P1 级的促销精细化促销成本

· 核销率 = 使用优惠券数量 / 总领取数量（这个公式可以侧面反映该优惠券的适用性，用户购物偏好行为）。

· 领取率 = 领取优惠券数量 / 总发放数量（这两个指标正好组合优惠券的链路，系统发放到用户核销，通过区分领取率和核销率来看优惠券的投放有效性）。

5.P1 级的拣货和配送数据直接校验服务时效

这个阶段的指标值尤为关键，人力成本的投入、拣货仓的利用率、人员数量的配置、人员日均拣货和配送的订单量都直接影响整体履约时效。

（四）P2~P3 级数据颗粒度校验精细化策略

P2~P3 级别的数据颗粒度已经很细化了，并且每条业务直线分配出来的数据值会越来越多，这时候业务数据的义务基本是为 P0 级服务，通常我们在做精细化策略的时候会细看其指标。

1.P2~P3 级的销售数据细化 P0 级的过程指标

· 加车率 = 加车用户数 / 总 UV 访问人数（作为过程指标，考量用户在购物过程中的加购物车频率）。

· 跳转率有很多说法，就电商而言，我们通常看的是商品详情跳转率 = 商品详情用户数 / 总 UV 访问人数（同样和加车率都属于过程指标，考量频道页到商品详情页的点击转化情况）。

· 支付率 = 成功支付人数 / 下单人数（用户在前端找商品到最终完成下单，最终步骤是在支付环节，输完密码后的完成才能被记录到上账 GMV 内）。

2.P2~P3 级的用户数据反映各渠道情况

用户的来源一定是多渠道的，无论是线上还是线下，我们通常的做法是在对应投放的二维码内埋不同的代码标签（Ptag），通过每个 Ptag 下产生的数据监测每个渠道来源，用于调整策略、资源倾斜。

· 停留时长 = 平台停留总时长 /UV（这个数据值具备前期业务的参考性，操作并模拟用户从前端选品到最终成交的时间，我们模拟过大概在 40 秒，通过这个数值来看单个用户停留时长，如果和 40 秒接近，用户操作路径还算健康，如果大于或小于就要分析其缘由）。

· 用户画像在业务前期也是一个关键指标，需要分析不同的用户属性（年龄、职业、城市），便于后续做用户分层。

3.P2~P3 级的库存深度校验库存周转次数

库存深度 = 当月库存 / 下月销售计划（这个指标是指现有库存未来消耗，通常是以月份来计算）。假设当月库存 100 万件，下月计划销售 50 万件，则库存深度 =2。这个数值还是相对合理的，通常维持在 1~2，如果高于这个值会出现库存积压的情况，如果小于这个值则会出现供给不足的情况。

数据方面技能一定是运营必备的，除需要关注现成的数据抓取和维度外，还需要敏锐的数据思维去试图重新排列其他的维度，尝试反馈业务价值。

二、如何高效实现转化率目标

转化的本质是商业化流量，如何高效地把用户操作行为转变成商业化行为，不断压缩用户决策时间并产生更多的销售。

任何一个项目的发展进程都具备阶段节点化，转化率（CR）的提升同样如此。用户的基数、留存率、流失率、平台停留时长等都是决定下单转化的因子，随着业务发展的阶段周期变化，这些指标也会有不一样的表现。

接下来给大家区分两种拆解转化率的解决方案：项目实例分析+提升核心方法论。

（一）项目实践，从实际案例中摸索方法论

项目初期，我们开始制定门店上线周期，每个周期都具备很强的针对性，无论是在前两个月的 CB（内测）阶段，还是在后期的大规模上线阶段。同时，在拉新和转化方面都有差异化的策略加持，如图 2–2 所示。

1. 内测阶段转化率最高，高利益刺激员工下单

线下强大的资源优势需要有效的转化策略模型复制，在制定系列运营流程模式后在 CB 阶段反复 A&B Test，从促销到优惠券，从商品到下单流程，并尝试拿到 ROI 最高策略形式。

项目测试接近 2 个月，阶段核心目的是把握整体产品流程和促销接受度考察分析。这一阶段便于促销体系测试，我们鼓励内部员工下单领福利，上线各种类型的门店折扣券，所以转化率最高。最

终我们在下单转化数据中筛选出 3 款 ROI 最高的券型（满 29 元减 10 元、满 79 元减 25 元、满 100 元减 30 元），以便我们下一阶段做参考投放。

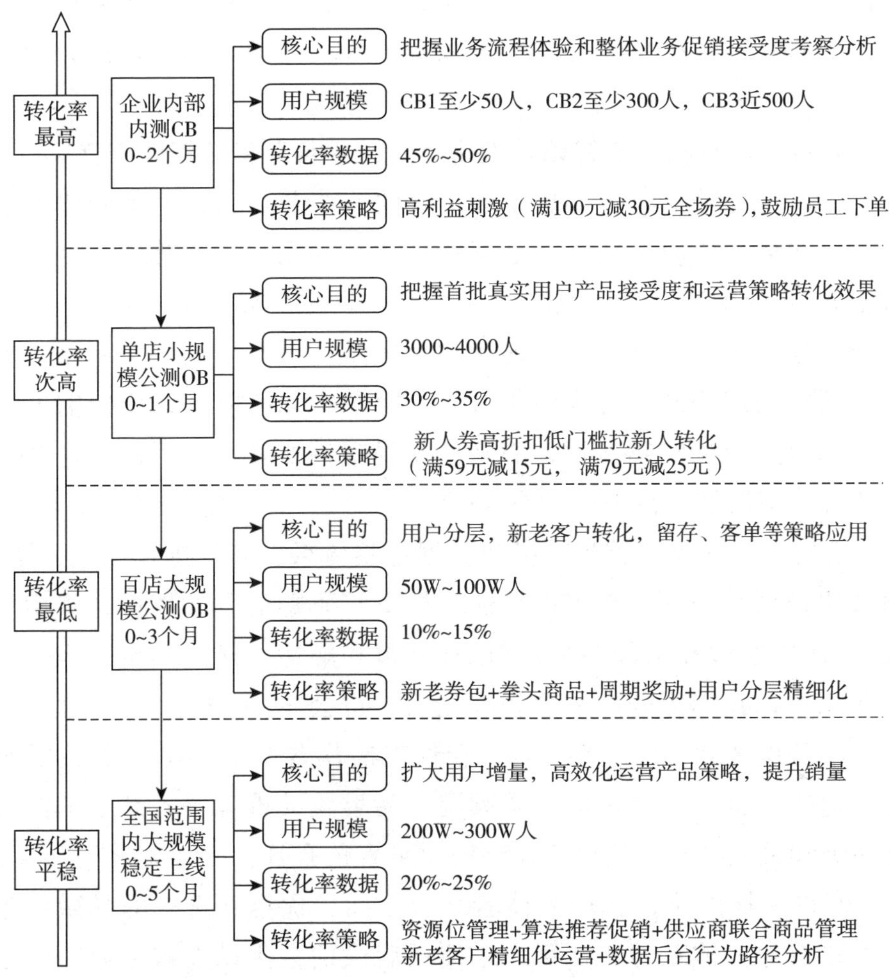

图 2-2　项目初期周期

2. 小规模公测分析真实用户转化数据

接下来开始投放距离我们总部最近的 1 家门店做 OB（公测），我们引入 3~4K 的用户量级，这个阶段的用户量仍然属于起步阶段，对于转化策略仍倾斜在优惠券、满减折扣、秒杀等投入。

经过第一轮内部员工内测，首先在门店上线券包（满 59 元减 15 元、满 79 元减 25 元），ROI 都可以到 4~4.5 的级别，秒杀和满减会选取动销率 TOP50 的 SKU 做 8.5~9 折促销。对于新用户而言，可叠加促销和优惠券。其次，有限量免邮权益，整体真实转化率仍然很高，我们能保持在 30%~35%，但高转化率并不意味着健康度，因此需要往下一阶段推进。

3. 百店大规模公测开始精细化运营，并且分析数据健康度

百店上线对我们而言是非常重要的一个节点，在这个阶段来临之前，在第二阶段开始搭建数据标签体系和用户推荐算法，这一套数据 BI 开始为这个阶段赋能服务。用户量级达到 50W~100W，且大部分都是新用户，这一部分转化相对困难，虽然有高利益刺激，但所有新客的用户画像都来源于线下，年龄在 40~50 岁，所以需要改变这部分用户的购物习惯，心理门槛局限性非常大。因此，这个阶段的转化率最低，在 10%~15%。

解决人群痛点。首先，搭建数据标签体系，开始进行用户分层，通过购物品类偏好频次和以往通过线下扫码购的购物属性，将用户按照 RFM 模型和画像模型进行 ID 分包和触达推送。其次，为了提高转化率，我们区分好用户类型之后，也会主动 BI 用户领券中心，例如平台识别到你是母婴人群，会优先推荐满 168 元减 30 元的品类券。包括首页黄金坑位的秒杀频道、品类轮动推荐等，都是偏向母婴品类和关联品类，这对于拉动转化更直接有效。

值得一提的是，在产品体验结合方面，优惠券选取的是微信生态的自有券、体系券，在用户未使用后微信会主动发服务通知触达提醒用户，在微信卡包内也有明显提醒，这对于用户回流是一个很好的机制。而对秒杀促销，我们同样会设置一键订阅提醒功能，同样可以通过公众号活动预约和服务通知触达回流，这一项产品功能很好地和运营策略进行闭环。

4. 全国范围内平稳上线所有门店多形式组合拉动转化

第四阶段是平稳周期，之所以说“平稳”，是需要平稳上线全国

门店，需要平稳业务利润收支平衡，需要平稳转化率 CR 输出等。

全国门店上线意味着用户规模也是成倍增加，达到 200W~300W 规模，目前仍持续增加，我们需要通过多维的形式来逐渐提升转化率。

（1）首页资源位管理

资源位的展示需要开始面向用户和品牌商这两部分人群。面向用户我们需要千人千面给对应品类的人群，而面向品牌商我们需要资源变现。变现的同时需要让用户产生销售，所以我们制定一系列奖惩措施，高产量的品牌投放会给予资源奖励，低产量的品牌投放则会给予提前下架惩罚。

（2）精细化用户管理

用户的分层同样是多维的，RFM 模型、品类模型、AARRR 模型都是我们基于大数据分析后拆变出来的分层原理，数据量越大，用户精细化细分颗粒度越小，被转化的可能性就越大。

（3）算法推荐促销

首页的坑位和模块灵活且具备大数据分配功能，模块的布局、内容会跟随用户购物的数据不断累积而变化，到了这一阶段算法推荐模型也逐渐成熟，在首页被转化的数据也是全站最高且最接近平台的均值。

（4）线下场景“人 + 货 + 场”数字化，反复提醒用户

线下场景是丰富且复杂的，有很多场景可以提高转化的可能性。

· 以“人”为载体层面，线下商超单位无非是门店导购员、拣货员、收银员、操作员等，这部分人在坚守岗位的同时主动和用户宣导。我们增加分销途径，导购员通过引导用户领取线上优惠券，下单后在门店自提，实现立买立走的便利性。而对于导购员，我们也会给予 5~7 元的分佣作为奖励，这对于促销员而言利益驱动也很大。

· 以“货”为载体的单位就是全场 SKU。我们对部门高频的 SKU 制作线上商品详情，用户可扫描货架二维码线上查看更多的商品信息、用户评论、溯源信息。最重要的是，可以获得对应品类的线上优惠券，用户一键跳转到平台增加被转化的可能性。

· 以“场”为载体的单位就是商超，门店标牌、数字化广告屏幕，用户从进店开始，在进店口、堆头区域、货架卡板、货架挡板、吊牌吊旗、迎面立柱、墙体海报、门店彩页、门店出口等必经之路增加线上二维码广告 + 线上促销利益点。只要能成功吸引用户进入平台，离转化就近了一步。

（二）参透用户心理学，加速购买决策

当用户产生购物需求时，总会受到形形色色的广告、促销信息、商品筛选、质量考量、价格对比、配送时效等因素的影响，走完一系列行为操作后，最终决策按下支付密码。对这个过程，我们不妨拆解成三个步骤：需求产生层、目标认知层和最终决策层。三个步骤用一张思维导图表现，如图 2–3 所示。

1. 动机层：需求产生层

这一层是由潜意识受到内部、外部刺激后产生，并和某种品类建立映射关系，从而解决刚需或者非刚需需求。因此，可以作为切入点的有：内外部刺激、和品类的映射关系、刚需与非刚需。

· 内外部刺激。这一环节可以跟图 2–3 中的“感知层”相关联，内部刺激来源于衣食住行，生活状态由内向外的刺激迸发。外部刺激来源于通过对外界的广告、事物、环境由外向内的刺激输入。表现在转化率的核心点在于用户属性分析、用户购物频率和用户精细化触达方面。

孕妈妈每个月都要买一次奶粉且时间固定，我们会在其购买前 2 天推送一张奶粉优惠券和提醒精准触达，卡准时间和需求转化率会高很多。

· 和品类的映射关系。和“认知层”关联，有了商品印象感知后，接下来需要初步明确这个“东西”是什么、为什么可以处理我的需求，表现在转化率方面的核心点是精准营销，一条短信、一个推送或许有回天之力，内容不用太复杂，1~2 句话贴近用户痛点即可。

9.9 元抢安睡无异味无毒蚊香，踏实一整晚。

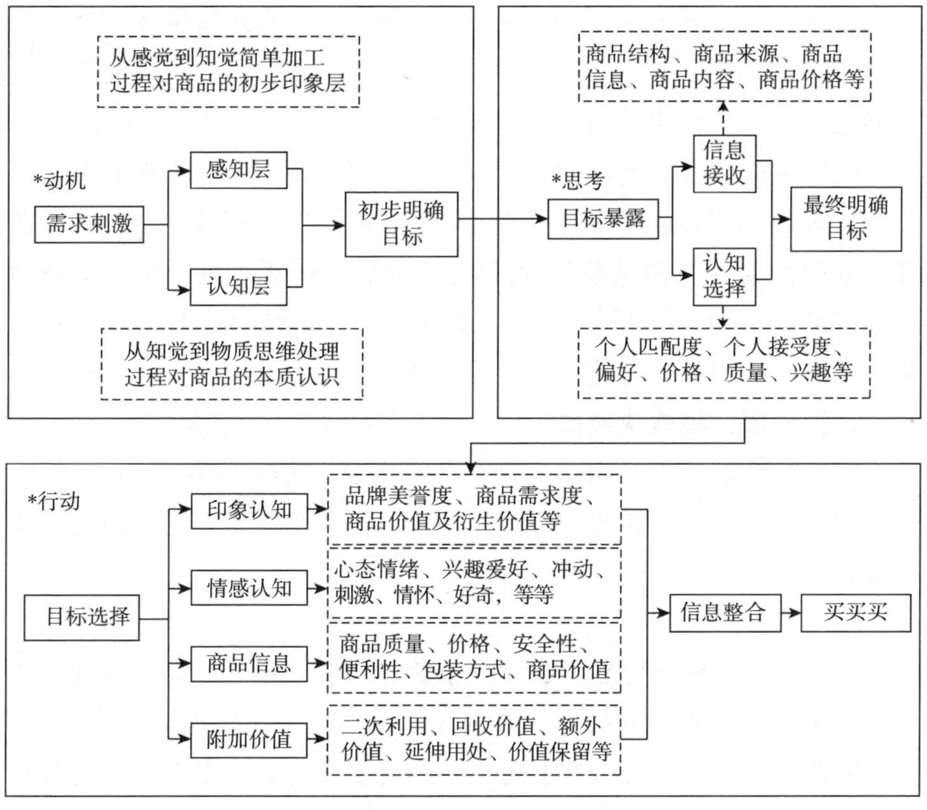

图 2-3　思维导图

· 刚需与非刚需需求。人类有生存需求、享受需求、发展需求、审美需求、社会象征性需求等。这时候需要快速找到与哪类人的需求相对应，需要我们不断地打磨用户模型，AARRR 模型 + 用户分层 / 激励方法论拆解。

2. 思考层：目标认知层

这一层是通过用户产生需求并初步明确目标对象，开始被动或主动地接收无数个目标对象的过程，在这个过程我们可以完全明确目标对象并产生购物意愿。

· 信息来源区分主动和被动，主动寻找信息和被动输入信息。主动寻找信息的转化率一定大于被动输入，且主动寻找的产品体现很容易被满足。

某购物 App 搜索框下单占比全站 40% 多，搜索质量在这里尤为关键，关键词的映射、品类的关联、促销的映射、关键词的模糊搜索都是提高搜索转化的因子。

· 被动输入信息更偏商品营销。当我们开始抓取这些潜在顾客时，发现他们有浏览痕迹，这时候的大数据抓取和用户触达非常关键。根据商品详情页的跳转率来监测用户的购买表现，横向对比跳转率趋势，同时需要反推商品信息的合理性，结合商品对应的用户关注点做二次优化，反复一周后看效果测试。

3. 行动层：最终决策层

这一层也是用户最纠结的选择。这时候的信息一定是最大量的，也是用户需要过滤和整合的过程。所以，因人而异地制定信息进行沟通最关键。

场景 A：一个辣妈给自己的孩子购买零食，她在选择的过程中反复观察和了解关于食品的生产日期、新鲜度、安全性及价格等事项。

场景 B：一群学生购买零食，她们的注意力着重于外观、是否网红款、品牌知名度，当然也会关注价格（毕竟购买力有限）。

· 两个场景的购买人群不一样，我们展示给用户的信息沟通侧重点也不一样。

· 情感认知的重要性更多的在于用户心态上的触达，刚需和非刚需的转换也会更加明显。分享包装网红爆款、内容营销、平面营销都是很好的切入点。

我们利用蒙牛代言人线上媒体矩阵直播带货和线下门店见面会，在线上线下都植入活动专属二维码页面，用户扫码进入页面领券下单，粉丝团长邀请粉丝进入页面打榜，打榜到 1000 值不但可以免费拿走牛奶，而且可以带动很多新用户产生销售。

（三）6 大维度，逐步提高转化率

运营和转化率的关系一定是多维的，不同应用场景的转化形式也会有差别。我们按 6 大维度进行拆解：资源位管理、促销体系管理、商品管理、精准营销、内容管理和路径诊断。运营和转化率的关系，如图 2–4 所示。

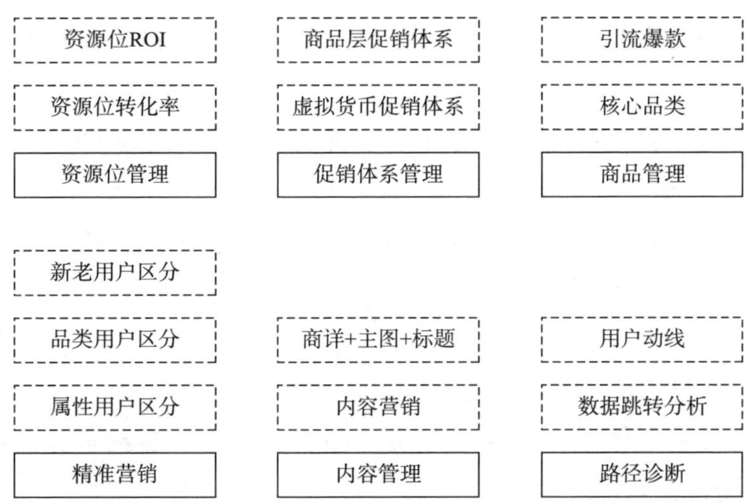

图 2–4　运营和转化率的关系

1. 资源位管理，寸土寸金保证 CR

资源位对于电商平台而言永远都是兵家必争之地，所以规范化的管理和标准化的指标考量非常重要。这里列几个原则点：

· 资源位的设计：排版简约明朗，商品清晰有致，1 句主利益文案 +1 句副标题，主按钮引导跳转。

· 资源位的 CR 数据化：分别取平峰期和高峰期该坑位的 2 个 CR 值，取均值作为标准，最好连续 1 周看数据趋势取合理值。

· 对比整体 CR 差异化：首页首屏资源位 CR 务必大于整体 CR，同时取各个子页面的 CR 做对比，差异化每个模块的承载能力。

· 资源位奖惩制：1 个月沉淀分析，按资源周期奖励和惩罚，取高价值资源方。“6 · 18”大促，某品牌投放首页资源位通栏，1 天

后该活动 CR 远低于往期 CR，则会快速调整甚至下架资源位。反之，则奖励投放天数。

2. 促销体系管理，捆绑销售增加 CR

商品捆绑销售的原则是引导单个 UV 受到利益刺激可以下多件商品或者多个订单。同时，激励这个用户拉到额外的用户下单，从而提升整体 CR。

· 品牌 / 品类满减：品牌或者品类达到固定价格即可享受折扣和立减。

· 满减 / 满折 / 包邮：购物车总价达到固定价格即可享受折扣、立减或者包邮。

· 当天 N 单包邮 / 打折：当天第 2 单包邮，或者第 3 单享 9.5 折等。

· 拉到一个有效用户下单返现：分享并邀请好友下单，返现 10%~15%。

· 群体性 CR：社区团购、多人拼团等。

· 虚拟货币体系：全场、品类、品牌优惠券，签到积分兑换优惠券，多场景植入。

3. 商品管理，把对的商品暴露给正确的人

· 核心品类印象：建立核心平台打透击穿，主打用户心智，垂直类平台选取 5~8 个核心品类。

· 商品按动销维度拆分：按动销率将商品库拆分 3 档——高动销率商品库、中动销率商品库、低动销率商品库，且三档按周期频率在首页展示。

· 商品按价格带维度拆分：拉取高动销且价格带定位在 10~20 元的商品作为引流爆款，建立种子商品库。

· 千人千面商品推荐：基于用户品类偏好、品类频率暴露意向购买品类。

4. 精准营销，从用户入手提高转化率

· 新老用户区分：新用户首页固定模块领取权益包（首单 5 折优

惠券、10 款拳头商品特惠价、免邮券），老用户领取复购券等。

· 品类用户区分：通过私域流量对品类用户进行分组（社群、公众号粉丝、短信包、用户包），对不同用户推送不同品类组合包（优惠券 + 商品 + 秒杀权益）。

· 属性用户区分：按照用户下单频率、下单客单区分、用户年龄段等基础信息进行区分，抓包触达，精准营销同样在转化率方面有很大改善。

5. 内容管理，从商品内容到营销内容提高用户转化率

· 商品标题：品牌名 + 商品名 + 关键词利益点（15 个字以内最佳），副标题增加部分促销利益点，商品核心利益点。

· 商品头图：2 张不同角度的商品图 +3 张商品应用场景图 +1 张商品带包装图（6~7 张最佳）。

· 商品详情页：整体风格务必符合商品调性，例如食品类用绿色、橙色，乳制品用灰色等素雅色；排版简洁干练，30% 商品展示 +50% 商品应用场景 +20% 商品售后服务和相关资质证明信息等。

· 内容营销同样是平台提高转化率的一部分，我们尝试在平台内搭建“生活馆”，频道内会植入大量 UGC 和 PGC 内容，通过图文、短视频推送一些科普类知识，以及应季食品推荐等信息。这一部分的转化效果不是特别明显，用户黏性较高。

6. 路径诊断，从 UV 开始诊断每一步的效果

· 从 UV——平台停留时长：1 个有效 UV 进入平台，第一步我们需要考量在平台的停留时长。从业务初期的数据看，每个有效 UV 单次停留 30 秒，所以停留时间低于 30 秒且未产生购买的用户是我们需要关注的群体，包括用户比例、人数、分步骤停留异常数据等。

· 首页资源位——活动落地页：通过在首页点击资源位跳转到落地页，这部分跳转率是第二步需要关注的。通常在首页首屏跳转率不会低于 20%，通栏或者启动图这些峰值更是在 30% 以上，所以这一步的数据需要分页面、分资源回顾，筛查异常页面资源位数据。

· 活动落地页——商品详情页：用户进入活动落地页后，下一步需要点击商品详情，这一部分正是考验商品内容的时候，通过对比同品类商品详情跳转数据，取周期性均值，同时按照工作日和高峰期分别设置，将最终阈值作为这一步跳转 CR 的对比指标。

· 商品详情页——加车下单：这部分属于末端行为指标，影响因素较多。关联优惠力度、库存、配送时效都会影响用户决策，每一个步骤都需要精细化观测。通常这个环节我们取值考虑在高峰期时段且将多个周期的均值作为参考。

（四）从成交漏斗模型看转化率

做运营永远离不开“模型”，做转化率同样如此。我们以未注册的新用户首次购物体验举例，列出用户从搜索到最终成交的几个必经步骤，用户在流程中的走向一定是逐渐减少的，我们要做的是减少每一个步骤中的用户流失率。

1. 模型流程可视化

模型的诞生是基于可视化的思维导图，便于分析和拆解（例如用户从搜索到最终下单的黄金流程），如图 2-5 所示。

图 2-5　模型流程

2. 模型流程拆解

模型输出后需要不断进行自我挑战和十问十答，至少对每个关键性的流程列出 3 个以上的挑战点（站在用户侧、运营侧等角度），这个挑战合集直接组成了归因因子，如图 2-6 所示。

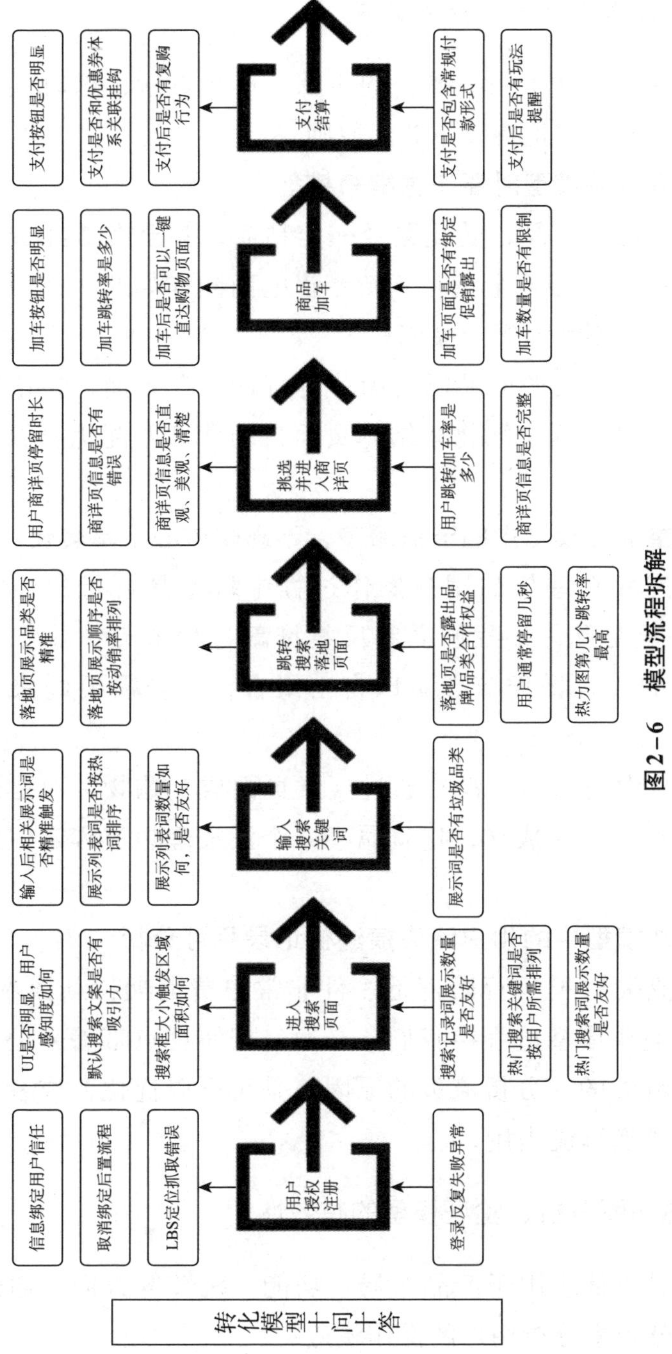
转化模型十问十答
用户授权注册
信息绑定用户信任
取消绑定后置流程
LBS定位抓取错误
登录反复失败异常
进入搜索页面
UI是否明显，用户感知度如何
默认搜索文案是否有吸引力
搜索框大小触发区域面积如何
搜索记录词展示数量是否友好
热门搜索关键词是否按用户所需排列
热门搜索词展示数量是否友好
输入搜索关键词
输入后相关展示词是否精准触发
展示列表词是否按热词排序
展示列表词数量如何，是否友好
展示词是否有垃圾品类
跳转搜索落地页面
落地页展示品类是否精准
落地页展示顺序是否按动销率排列
落地页是否露出品牌/品类合作权益
用户通常停留几秒
热力图第几个跳转率最高
挑选并进入商详页
用户商详页停留时长
商详页信息是否有错误
商详页信息是否直观、美观、清楚
用户跳转加车率是多少
商详页信息是否完整
商品加车
加车按钮是否明显
加车跳转率是多少
加车后是否可以一键直达购物页面
加车页面是否有绑定促销露出
加车数量是否有限制
支付结算
支付按钮是否明显
支付是否和优惠券体系关联挂钩
支付后是否有复购行为
支付是否包含常规付款形式
支付后是否有玩法提醒

图 2－6　模型流程拆解

（五）漏斗模型与产品体验的关联

漏斗模型是基于用户操作的步骤来逐步拆解，这时候整个产品体验至关重要，需把握以下几个原则。

1. 拆解漏斗模型时要考虑缩短模型

一个成功的产品，转化路径一定精简，甚至在 2~4 个步骤内完成整个产品的核心黄金流程。新零售电商同样如此，在做模型拆解的同时，需要不断缩短产品流程。

用户在首页资源商品橱窗内一键直达加车页面，秒杀频道一键直达秒杀结算页面，购物车结算页面自动计算匹配优惠券的最佳组合方式等。

2. 调整漏斗模型中的节点顺序，不影响核心下单转化

黄金流程在理想的用户操作过程中肯定是可行的，但实际用户的操作千变万化，我们需要反复推敲过程节点。除非必要节点外，其余的过程操作节点可以自由组合，同样需要确保整体流程的畅通性。

用户搜索商品后，没有通过搜索页面成交购物，而是通过购物车页面的推荐商品成交，这就属于一个没按理想流程走但同样能成交的场景。

3. 漏斗模型中的用户流失痕迹被记录且可分析

用户流失对于运营而言是一件非常浪费前期拉新成本的事情，所以整个漏斗模型过程中我们务必通过按钮埋点带参来记录用户是在哪一步流失的，分析流失的原因，是否可以优化，或者通过主动触达的形式唤醒流失用户。

（六）用热力图分析、验证模型的有效性

热力图通常应用于产品布局、功能、跳转等方面，通过用户的点击数据分布来分析用户的操作痕迹。

1. 选出模型对应的每个页面热力图，按热力分布来验证流程的有效性

假设用户从搜索到下单，每一个步骤都有不同的子页面呈现，我们尝试把每个子页面都摘出来，4~5 个页面按顺序排布，然后来看热力分布，高点击区域是否符合整个模型流程预期。

首页热度图 + 搜索页热力图 + 搜索落地页热力图 + 商品详情页热力图 + 购物车结算页热力图，将其连接在一起组成一个流程，再来看热力分布，直观又明显。

2. 热力图按 1~4 档来区分，1~2 档归理想流程反推验证模型步骤

热力图的分布通过颜色色块区分点击程度，我们把 1~2 档的热力分布看作理想流程，按照第 1 点的描述进行反推，1~2 档的分布是否符合黄金流程。正向验证 + 反向验证，模型才有价值。

3.3~4 档归异常流程，挖掘潜在用户群体

对 3~4 档的热力分布，我们不能盲目视作无效点击。同样，把几个关键页面摘取出来，把每个 3~4 档的热力分布重点圈出来，尝试对几个页面进行拼凑，这时候会发现用户最终没成功导向到结算页，知道大部分用户的卡点在哪里。

在商品详情页用户并未加车下单，而是通过关联品类推荐跳转到秒杀频道，在秒杀频道产生场次订阅，但没下单。这类用户一定存在品类高潜价值，而且是偏向价格导向。

（七）首页布局的合理性

无论是新零售还是纯电商，首页的转化率一定是最高且最能代表整体平台的核心出口，做好首页转化谨慎又关键！

1. 整体功能布局和资源位展示需要满足整体平台促销节奏

任何品牌、品类、单品都希望在首页展示自己的资源位，我们需要从商品动销率和用户标签属性来判断哪些合适的促销放在首页，安排的资源位、商品需要经过上线后验证是否达到平台均值转化率水平，设置奖惩措施，鼓励刺激高产量内容投放。

2. 多维度导购栏目的合理设置性

导购栏目的数量和丰富度不是越多越好，当然也不能太少，需要平衡，确保用户不会迷失。分享几个区分技巧：

· 按用户人群区分：从头部资源到长尾资源按照不同核心用户群体比例分配，接入千人千面人群展示，增加个人定制化 PGC 内容，例如小红书、蘑菇街。

· 按促销形式区分：按首页各个模块的促销形式不同而排布，活动、玩法、满减、团购、秒杀等，这种形式是最常见也是最广泛的，例如淘宝、京东。

· 按商品品类区分：无论是首页还是分类页，按照商品品类进行区分，沟通明确，无其他复杂内容，例如拼多多、每日优鲜。

3. 首页承担转化功能的同时需要高效分流

首页承担产量的前提，同样有一个非常重要的功能就是分流，这里需要注意的是用户从首页到达商品详情页的路径深度。把商品的露出合理做浅，仔细考虑每个页面向下一级页面的引流手段。

如果首页坑位放置一款牛奶，尽可能点击直达牛奶。如果这款牛奶只是装饰，引导点击到一个子频道页内，务必保证跳转后的频道页首屏显示该商品，给用户一个不落空的预期。

4. 提升访问深度，间接给转化率创造有利条件

关于访问深度的提升，这里跟大家举个场景案例。大家仔细观察，线下门店通常会把高频的生鲜鱼虾蟹肉放在卖场最里面，并且上下扶手的电梯口永远都是一前一后、一左一右。道理很简单，门店希望增加用户的逛店时长和场景。我们将这个模式再复制到线上，假设把高频品类藏在路径最深处是否可行？不言而喻，肯定不行！

这就是线上和线下一个很大的到店区别。线上用户的运营本质在于加速用户购买决策，提升访问深度的意义不在于增加逛店时长才购买，而在于快速决策之后，有更大的访问可能性，给额外的转化增加曝光率。

我们通常的做法是在购物车的底部、支付结果页这类决策准完成页内放入一些有意思的玩法和促销，比如大转盘、抽奖领券、关联促销品类、礼包权益等。

三、合理利用 RFM 模型提升复购率

复购率从字面上直观理解为用户在指定时间段内重复购买的频率。从长远来看，业务需要保持稳定增长，首先增量用户的拉新获客持续输入，其次存量用户的复购尤为重要。复购的本质是增加单个用户在平台的生命周期，也就是 LTV，生命周期越长，LTV/CAC 的 ROI 就会越大。

只要通过有效提升用户购物频次，同时控制和降低商品促销及拉新获客的成本，新零售业务的变现和营收一定会实现有效增长。

（一）反推销售目标，明确复购阈值

在做销售的过程中，相信大家一定非常清楚几个常见的公式和概念：销售额 = 客单价 × 订单量，复购率 = 下单人数 / 总下单人数。

了解这两个最基础的公式，我们不妨尝试把单次购买和多次购买的人群加到销售中去解析，时间周期都可以定在一个月：单次购买销售额 =（单次购买用户数 ×1 次 × 客单价）、多次购买销售额 =（≥ 2 次购买用户数 ×N 次 × 客单价）。

单次购买的用户其实已经接近新客购买特征（当然不排除有部分老客），我们不妨抓取这部分客单并取均值；多次购买的用户数和客单也可以按照目前存量用户的数值定义。有了这些数据因子后，搭配这个新公式，复购次数基本已经推算出来了。

月度销售的 KPI 目标是 1 亿元，基于往月的拉新效率，推算出新客且产生购买的用户数在 5 万，客单价 69 元，老客且多次购买用

户数 30 万，客单价 120 元。

1 亿元 =（5W × 1 × 69）+（30W × N × 100），这个 N 就是最关键的复购次数，按照公式推算出老客多次购买的次数为 3.2 次，这意味着老用户复购至少每月 3 次以上，才有可能达成这个 1 亿元的销售目标。有了这个数值，无论是复购券、高频品类还是老客权益活动，触达形式更具备准确预判性。

（二）根据 RFM 模型打磨用户策略

1. 用 RFM 模型筛选用户

RFM 模型是在流量运营过程中的“金牌模型”，通过对用户分类，区别高价值用户、低价值用户，同时对高价值用户制定个性化服务。

R：Recency，用户最近一次到当前的时间间隔。

F：Frequency，最近一段时间的消费次数。

M：Monetary，最近一段时间的消费总额。

在做 RFM 模型之前，需要结合实际情况，根据时间周期、消费次数和消费金额定义好“高”“中”“低”三个档位，如表 2-2 所示。

表 2-2　三个档位

	高	中	低
时间间隔 R	1 周	3 周	1 个月
消费次数 F/ 次	2	1	1
消费金额 M/ 元	90~120	60~90	20~60

我们需要按照定义的 RFM 区分并筛选用户人群，RFM 三个维度分为高、中、低 3 个档位，两两组合，也就是最多有 27 种人群特征。27 种人群特征又可以区分为 S、A、B、C，如表 2-3 所示。

表 2-3　用户级别

用户级别	R 时间间隔	F 消费次数	M 消费金额	用户级别
1	高	高	高	S
2	高	高	中	S
3	高	高	低	S
4	高	中	高	S
5	高	中	中	S
6	高	中	低	A
7	高	低	高	A
8	高	低	中	A
9	高	低	低	B
10	中	高	高	S
11	中	高	中	S
12	中	高	低	S
13	中	中	高	A
14	中	中	中	A
15	中	中	低	B
16	中	低	高	B
17	中	低	中	B
18	中	低	低	C
19	低	高	高	A
20	低	高	中	A
21	低	高	低	A
22	低	中	高	B
23	低	中	中	B
24	低	中	低	C
25	低	低	高	C
26	低	低	中	C
27	低	低	低	C

2.S 级高度核心用户的弱触达、高产出策略

S 级高度核心用户的购买驱动更多来自购买习惯的培养和内在刚需的推动，很明显用户标签属于居家、辣妈型人群，在满足正常生活必需品外，同样需要买一些高客单商品，例如奶粉、尿不湿等品类。这类用户也是新零售目前最重要的人群，暂且称为“头部用户”（这部分用户弱触达，保证常规培养和持续输出，增强头部用户成就感）。

· 头部用户的高频品类：用正确的商品打动正确的人。首先，生鲜果蔬、米面粮油自身有高频属性，做好日常供应确保新鲜平价即可。其次，高频带动低频，例如购买洗衣液捆绑 2 套晾衣架、奶粉绑定儿童玩具，捆绑促销是很常见也很高效的高频带低频策略。

· 头部用户的权益专享：头部用户购物品类属性和购物习惯相对成熟，CRM/ 社群分层营销都可以做权益专享，VIP 化这部分用户，例如微信社群专享价、后置专享单品优惠券、大促 / 节假日推送专享券，让他们感觉自己的存在价值有被区别对待。

· 头部用户的领导价值：头部用户拥有很强的平台黏性和复购冲动，需要借助他们的忠诚度获取更多高价值的 AB 用户，例如分销获客、社群团长、社区团购，都是集中式引导外部用户下单行为。

· 头部用户的品牌价值：提供头部用户的门店开放日权限，邀请用户深入一线感受零售巨头的工作氛围和服务精神，作为一分子深入企业文化，引导品牌价值的高输入。

3.A 级、B 级潜在用户的强触达、中产出策略

A 级和 B 级都是潜在的高复购用户，影响他们复购的因素除了一部分刚需用品，还会有优惠力度、品牌影响、触达提醒、情绪变化等可能性。这类用户也是目前做新零售电商用户最多的一类人群，做购买决策通常犹豫不决，也是最难被攻克的一类人。

· 周期性的权益奖励：每月固定针对购买 3 次以上的用户投放 3 张复购优惠券，针对潜客加大投入力度。需要留意的是，在投放复购优惠券时，需要测算出优惠券的 ROI。假设在 1 个月内，我们测算该 B 类用户上限复购 3 次，每次消费 80 元，1 张首次

优惠券 8 折 +2 张复购优惠券 85 折的成本共 50 元。则该用户本月 ROI 为 240/50=4.8。4.8 是好是坏我们需要对比平台正常单均用户的 ROI，正常不消耗优惠券用户的 ROI，多数据维度对比 4.8 的高低，再细微调整优惠券的力度。

· 时段性的激励政策：某个时间段的冲单激励（例如 11 月下单超过 5 单用户奖励），某个时间段的推荐用户下单激励（例如 A 用户成功推荐 B 用户 1 个月之内下单 2 次给激励），某个时间段的消费总金额激励（例如 6 月下单总金额超过 666 元给激励），激励的形式可以丰富多样。

· 可持续性的玩法权益：社群营销、签到玩法、助力玩法、公众号活动、支付结果页抽奖、节假日关怀发券、小程序收藏发券，都是可以持续化培养和投放复购权益的场景，有效也有意思。

· 丰富的主动触达提醒：新零售电商可用到的主动触达场景其实很丰富，有小程序优惠券过期提醒、服务通知、公众号活动预约推送、SMS 短信推送。其中，服务通知的玩法类型多（秒杀提醒、活动开启、7 天内的有效抓包推送），可以有效地召唤用户。

· 针对性的品类权益：品类使用周期提醒，通过对 B 类用户的品类分析，针对品类用户投放指定单品券（奶粉品类用户，通常一罐奶粉吃 1 个月，固定每个月月初投放 1~2 张奶粉品类优惠券并于月初提醒用户该选购信息）。

· 针对型的活动权益：新用户有新用户权益页面，复购用户同样可以搭建复购权益页面（分品类楼层供给、分价格带品类楼层供给、组合券包权益供给及高频回流玩法供给，例如七天连续签到领神券等）。

4.C 级待挖掘用户的长期培养，引流爆款切入培养

C 级用户购物基本属于 1 个月难得购买 1 次，并且购物的客单都很低，这部分用户位于购物层级的底层但有希望成为 B 类用户的可能。从购物频率来看，有点像新客，但又需要拉动复购。给大家拆解以下几个点：

· 引流爆款主导 2 次消费：引流款对于新人而言是一把利器，适当用于复购同样有效。品类方面选取高频低价商品，20~40 款 SKU 位于 9.9~29.9 元价格区间，成本毛利可控。

· 优惠权益主导 2 次消费：当天内的 2 单免邮应用相对广泛，对于利益导向用户有效。

· 服务细节主导 2 次消费：这部分用户更多的还是停留在认知层，所以很多服务细节可以起到复购的作用，例如购买商品购物袋赠送冰箱贴（冰箱贴上可以印制二维码权益）等。

复购的本质是连续性行为，回归零售本质，用户为什么会连续多次来你家买东西？想清楚这个问题，复购率的提升迎刃而解。

四、如何提升用户留存

后移动互联网时代人口红利基本消耗殆尽，用户的竞争越来越激烈！留存的指标自然成为互联网行业的高关注指标。留存率的高低直接决定用户对平台的黏性及转化的影响。我们认为，留存率是一场产品、运营层面的考验，产品体验和运营策略的有效性能直观地反馈在留存数据上。留存率同样是对用户预期的把握，对做好预期管理和用户运营会有很大的影响。

微信小程序有便捷的入口，可以提高拉新效率，整个微信环境的营销和支付闭环同样能对转化有较高提升，但饱受诟病的却是留存。小程序的留存率低一方面跟腾讯有关，为了避免用户被骚扰，小程序的用户通知和唤醒能力一直被官方极大地压制，以至于小程序服务通知功能一再受限；另一方面小程序因为代码包限制，功能大多单一，除非特色极其鲜明，否则用户很容易“用完即走”。

（一）关于提升留存的三个动机

留存的提升主要是把留存的动机分为三个层面：新用户的惊喜时刻、老用户的习惯培养、业务自身的增值服务。

1. 新用户的惊喜时刻

这一阶段的动机点在于新用户的“惊喜”，“惊喜”的潜力非常大。一个有效的记忆点不但能拉动新用户本次的消费，而且可以让用户形成印象便于二次回流。

业务初期，我们希望收集更多的数据来定制化用户需求，新用户进入平台后，平台的 pop 弹框窗口是一个小游戏，游戏内会非常软性地收集用户的基本网购信息，简单操作 2~3 步，即可领到专属券包。更重要的是，我们已经了解了用户的行为偏好。

在首页会有一个固定定制化模块，如视觉包装、品类推荐、内容段子包装会让用户眼前一亮，感觉在跟苹果的语音识别接口（Siri）对话，会推荐用户最需要的东西和对应的食材烹饪建议。

2. 老用户的习惯培养

到了第二阶段，需要做的是培养用户习惯，产生刚需的认知后，能够快速映射到业务平台，并且快速打开。策略定位：丰富的触达场景 + 有效的分层营销机制。

3. 业务自身的增值服务

用户的付费行为永远都具备贪婪性，特别是消费者，在满足基本的购物场景后，我们的策略定位在于增值服务，延长用户 LTV，也是在不断提高市场环境的差异化。

商品层面利用全球强大的供应链增加海外冷链；促销层面打通线上线下，优惠券的核销场景打通线上线下，配送服务开始持续增加骑手的增值内容，比如给用户拿快递、倒垃圾等，形式很多，空间很大。

（二）运营策略拉动用户留存

我们不妨拿“模型”来分析，对于用户留存，主体是用户，行为路径是页面访问，如图 2–7 所示。

1. 按照生命周期区分用户级别，把握核心用户路径

我们在介绍用户生命周期过程中提到，用户从开始被拉新到主动流失分为五大档位：用户导入期、用户成长期、用户成熟期、用户低迷期、用户流失期。五个时期的时间段不一样，承担的功能义务也会有差别。我们把五档用户暂且称为 S、A、B、C、D，每个周期的曲线弧称为 S1 曲线、S2 曲线、S3 曲线和 S4 曲线。

我们可以明显地感知到用户成熟期是一个分水岭，这个阶段后用户开始逐渐下降，S3 曲线也呈下降趋势，这部分属于正常的用户生命周期自然下滑，对于留存还是需要聚焦在 S1 曲线和 S2 曲线。

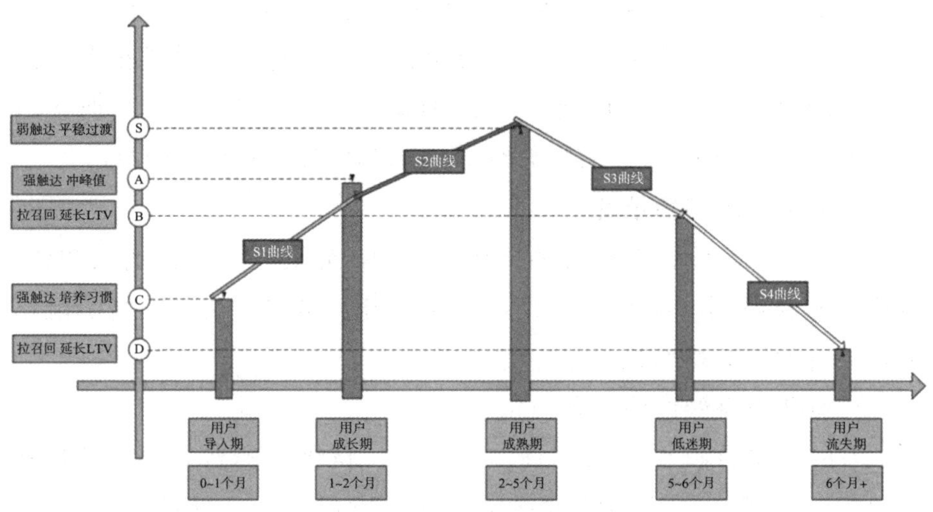

图 2-7　用户留存

2. 新客导入期留存是挑战也是机会，把握惊喜时刻

新客无论是次日留存还是 7 日留存都远小于老客的留存。新客首次接触平台的忠诚度是非常脆弱的，往往是被 9.9 元或者新人礼包吸引过来，所以这部分留存相对困难。换个角度来看，S1 曲线是第一个折线过程，做好这一步，S2 曲线过程中的问题就会迎刃而解。

· 社群营销锁住新客：在新客导入过程中，必做的一件事情是按人群属性拉群，每天有节奏、有内容地推送促销信息，这是一个非常好的习惯培养。业务初期，我们通过社群营销，30%~40% 的流量来源于社群。

· 持续化玩法刺激新客：在这个阶段加入一些持续化玩法，在未有任何用户心理预期的前提下给予其意外惊喜。

新用户在首次逛活动页面时，搜索鸡蛋关键词，这时候在搜索列表中不但能展示出所有鸡蛋品类，同时暴露鸡蛋品类的单品优惠券，点击领取引导购买。如果用户的购物车内有一箱车厘子，2~3 天后未支付，通过微信服务通知或者短信推送车厘子最新秒杀降价信息，并展示近期的价格趋势，便于用户快速决策。

· 新客权益包的组合回流：新客权益包的目的，一是产生首次下单行为；二是通过权益包吸引用户二次回流，例如复购券包、二单免邮券、已关联的二单权益商品。核心就是需要把握投入成本 CAC。

· 高复购拳头商品锁住新客：高复购商品同样是培养用户习惯的核心因素，民生商品如米面油等刚需生活品，在首页黄金位置露出，同样可以在新人权益页面内做主推，挑选 10~20 款 SKU，价格在 20 元以内，持续主推一周。

· 专题活动打动用户心智：专题新用户活动页，每个城市开店前对的都是线上全新用户，可以搭建固定活动专题页。

例如一日三餐、每日鲜等主题，每周一到周日不断更新商品和权益包，“周一水果日，周二蔬菜日，周三肉蛋日，周四乳品日，周五粮油日，周末免邮买买买”。每个页面都可以主动订阅商品提醒，用户在隔天定时收到活动开抢的服务通知。

· 线下服务细节，增强顾客好感：新客的培养过程在线上只是一方面，线下履约同样重要，包括配送时效、配送服务态度、商品装袋细节。

我们在购物袋内放入冰箱贴或者鼠标垫，上面印有小程序活动页太阳码，便于快速扫码购物和提醒，骑手配送到家后，会有主动提醒、帮忙倒垃圾等增值服务。

3. 老客的成长期，冲刺留存峰值爆发期，提高习惯培养

这一阶段，留存才上正轨。这时候对于留存的把握有点类似老

用户的复购，很多策略都可以通用有效。

· 多触点运营入口，反复提醒用户：小程序电商的一个最大的优势是闭环整个微信生态，腾讯也提供了很多小程序触点，都可以打通进行运营。

· 针对性的权益组合包，利益刺激提醒用户：零售用户具备很强的利益敏感性，成功支付后的复购券奖励，跟品类强关联，按照品类和客单价进行智能化筛选。

· VIP 化用户，老带新提高用户积极性：任何单一用户在一个大的群体内都希望被 VIP 化和特殊化，这部分老用户可以进行针对性处理，让这部分用户在保持自由的回访留存复购外，还可以带领更多的新用户进行转化。

A 老用户是某个门店的社群签约团队（前提是每月 4 次以上的复购行为），拥有拉新获客的专属二维码，邀请本社区更多的新用户扫码下单，或者注册成功即可获得 5 元奖励。社区团购同理。

五、从事件归因出发挖掘数据价值

新零售更加重视“事件归因”的概念，因为涉及太多线下场景，真实情况的复杂性甚至超过线上电商环境，归因的功能就是将业务流程进行逐步拆解，并根据业务性质确定在整个流程中哪些因子是影响整个事件的关键部分。

事件归因通常分为 4 个模式，有 4 个对应的运营策略：末次归因、首次归因、递增归因、递减归因。

（一）末次归因思维法和运营手法

末次归因，顾名思义，适用把最终贡献归结到用户的最后一次操作行为的应用场景。这种思维法通常应用在项目的分支线内。

私域流量环节，需要汇聚无数个微信群作为私域流量池并投入运营资源和方案。这个过程有一个核心事件“聚集所有线下地推过程中的用户”，而这个事件里末次归因操作就是“用户加群”。

首先，我们做了很多事情为这个末次行为服务，在线下，我们通过大数据判断适龄人群高密度分布区域、网购用户行为、小区规模等信息，联动第三方地推服务企业，扎点高精准区域，确保人流的数量和质量。

其次，根据 CAC 的成本模型，我们需要安排一份加群实物奖品，通常是 3~5 元的礼品。小玩具、数据线、购物袋都是大家愿意接受的品类。

最后，需要 BD 的专业化话术引导，在派发小礼品的同时表达加群后每天可享受的福利内容，以及实时的售后处理服务，提高用户加群的动力。

加群后的人员流失是一个风险点，前期的强营销节奏势必造成用户的频繁骚扰，前期我们发现拉群后每周会流失 15%~20% 的用户。为此，我们开始尝试断章取义的做法，在 BD 话术拉群过程中，鼓励并引导用户在群设置中打开消息免打扰提醒，用户在收到消息后避免无止境的信息骚扰，但在微信对话列表中，社群消息仍然有未读红点提示，看与不看交给用户自行选择。该方案执行后，流失用户的概率也会大大降低。

末次归因运营集中且具备针对性！通常在运营策略方面会在资源倾斜、功能倾斜、促销倾斜等方面来打透。无限放大末次事件的刺激性，无限缩小末次事件的门槛性。

（二）首次归因思维法和运营手法

首次归因和末次归因的思维考虑切入点正好相反。末次归因的核心因子在用户操作的最后一次，而首次归因的核心因子在用户操作的最前一步，此思维方法同样适用项目的分支线。

随着社交电商的崛起，分享裂变的玩法风靡。在做新零售业务时，我们用到了“微助力”的玩法，玩法链路基本和社交电商中的规则保持一致，用户通过进入页面分享给 N 个人，N 个人成功助力之后，主人态用户可以获得一张大额优惠券，帮忙助力的 N 个用户同样可以获得一些小额奖励。不难发现，整个过程的核心目的是拉取更多的用户，满足主人态用户的奖励需求，而这个需求释放最核心的一步就是第一步，即“裂变分享”。

在数据呈现上，我们会用“裂变分享”后的“传播系数”来衡量该玩法的有效性，假设活动投入 10 万资源有效 UV，活动结束后总实际 UV 达到 30 万，则‘传播系数’为 30 万 /10 万 =3。

为此，我们不断去迭代打磨产品功能、分享机制、奖励机制等，都是为首次归因的“传播系数”负责，尽一切可能放大传播的可能性。

· 主动发起传播：主人态用户需要主动发起传播，需要在第一步感动用户，有利可图、利益刺激、情感触动、热点共鸣、生动好奇等，紧密关联以上几个心理动机设置玩法的分享机制。

· 好友关系链价值赋能：熟人关系链的传播壁垒势必小于生人关系链，也会减少很多 CAC 成本。同时，新零售行业又有配送范围限制，因此我们最终把传播场景和密度锁定在小区群、办公室群、同学群。这时候，文案引导、玩法设置、奖励设置都尽可能贴近以上几个场景。

· 客人态响应接受：微信群的聊天环境相对复杂混乱，为了目标用户可以有效触达和跳转，我们在活动发起后，都会安排一些舆论水军引导，营造活动助力的社群氛围。需要优化整个分享卡片的内容信息，提取关键信息包装，减少无效信息传播，点击文案标题、活动图片、奖励内容曝光，奖励发放规则。

首次归因的核心在于第一步的触动！精准且有效地引导用户去操作第一步，并且不断迭代打磨把该门槛降到最低，由低到高走完这个流程。

（三）递增归因思维法和运营手法

递增归因法和前两者的差别在于，递增的过程是漫长且因子相对多而杂，重点把握好用户在首次的操作行为上，不断递进的过程最终完成整个流程。

秒杀频道是核心导购场景之一，这个模块需要承担平台销售、用户复购、用户黏性、用户转化等业务核心指标。每一个运营指标关联的用户消费行为都需要独立的运营策略，每个运营指标的数据又能紧密关联下一个指标的发展。因此，递增归因的呈现是复杂多维且逐渐增加的。

我们在秒杀场次内设置了多个场次，场次之间会按照时间和商品的维度进行区分。用户进入秒杀频道不但可以快速抢购当前场次的商品，也可以订阅提醒下一个场次的商品。当前场次的秒杀抢购提升订单转化效率，而下一场次的订阅提醒通过服务通知的触达，提高用户回访率和留存率，若二次购物又会被计入一个有效的复购率。

之所以说秒杀是一个非常重要的模块，原因在于它还承担用户的潜在需求表达、潜在需求把握和精准的数据推荐，有可能实现潜需转刚需。例如 A 用户是典型的居家做饭型用户，购物环境通常聚焦在线下，通过上午的生鲜秒杀专场，感受到优惠折扣和品质新鲜度，逐渐有清晰的购物认知，我们同时在首页和信息触达上做精准的品类推荐，这类潜客用户相当于转化为刚需用户。

“事件归因方法论”不但适用于数据分析层，而且适用于精细化运营过程中的策略思考，就重避轻，找准切入点，用更多的策略倾斜打磨重要的事情。

第3章
活动策划：从点到面打造爆款大促

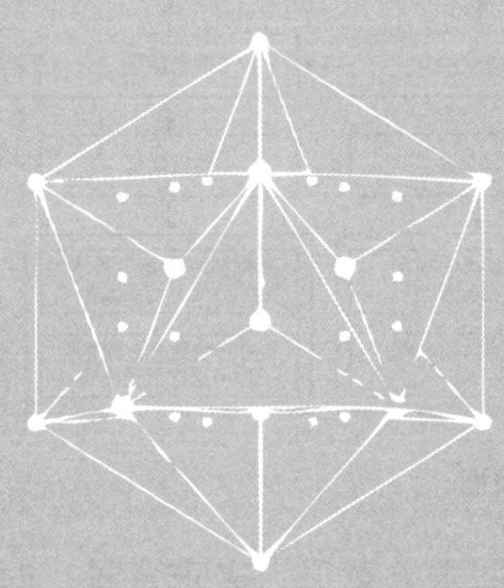

一、从活动因子入手，搭建活动基础模型

任何一个去冲刺 KPI 的项目都可以是一个活动，用户拉新可以是一个拉新活动，KA 合作可以是一个联名活动，促销优惠更可以是一个折扣活动。“活动”的广义宽幅是非常大的，新零售同样如此，但为了更好地细化和深耕分支业务，我们优化组织架构，缩小活动的职责范围，品类促销、品牌联名促销、平台营销节点、用户消费场景节点、热点营销节点等项目统一归属到“活动”下，对其独立贡献 GMV 负责，如图 3-1 所示。

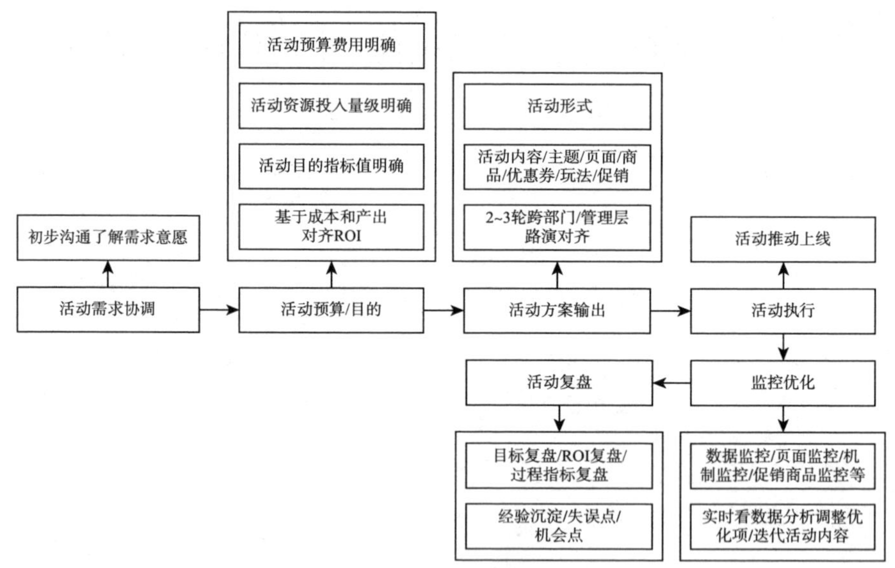

图 3-1　活动基础模型

· 活动需求协调：核心目的在于了解需求方意愿、需求背景、时

间等基础信息；联动活动方跨部门沟通，多方统一对接活动背景和意愿。

· 活动预算 / 目的：评估整场活动 ROI 合理性（投入细化到预算费用、资源量级，产品细化到 KPI 指标，GMV、转化率、渗透率等）。

· 活动方案输出：基于所有背景和目的并开始输出方案初稿，经过 2~3 轮的跨部门对齐、整合优化输出方案终稿。

· 活动执行：100% 还原方案内容，并推动到线上或线下应用场景落地，线上页面搭建、资源位排期匹配、商品促销定价策略、优惠券策略、线下拣货人力人效、配送运力人力人效、售后客服 SOP 对接。

· 监控优化：时段性监控和不断小步快跑调整优化，在还原活动方案的同时规避落地执行过程中的风险执行，对于风险细节，提前筹备 B 计划进行应对。

· 活动复盘：核心点在于数据总结与模式沉淀，数据总结是衡量活动过程中的产出价值，模式沉淀是衡量活动带来的经验价值。

二、一切用户需求都可成为活动的驱动力

（一）制定业务活动日历的五大原则

活动日历对于任何线上业务平台都是必不可少的，活动型驱动的新零售电商日历更加密集，线下节点联动、线上专属节点、线上跨品牌联动、线上线下节点联动等，在众多的密集型活动面前，我们需要遵守几个必要原则以确保曲线发展，如图 3-2 所示。

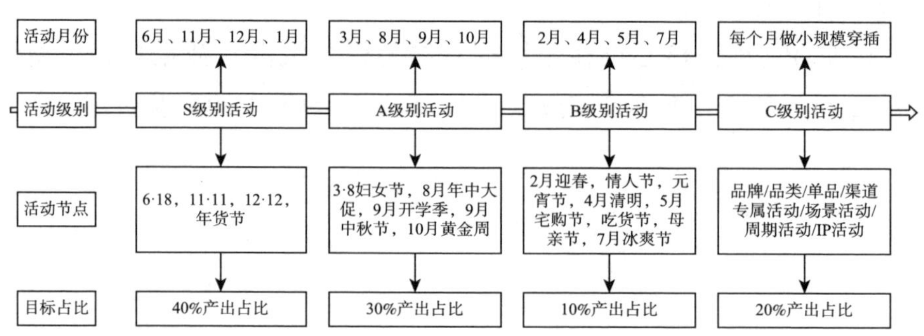

图 3-2　活动日历

1. 整体活动的时间节奏排布需要符合企业大的战略方向

作为零售巨头，承担的社会责任、行业责任、用户责任压力是多元化的，公司大的战略方向势必会渗透到各个业务分支，特别是在大型节日节点需要跟进企业的战略方向。

2. 整体活动的时间节奏排布需要满足年度成长曲线发展

对电商而言，年中、年底是销售爆发高峰期，自然投入的资源量级和 GMV 产出占据大头，其余节点需要高低起伏，做预热和

余温，确保小规模产量即可，整体呈现更像是一条稳定有序的成长曲线。

3. 整体活动的排布需要满足品类运营策略发展

品类节奏在活动中的角色至关重要，品类天然具备很强的灵活性，应季品类需求、地域特色需求、节假日习俗需求、网红新品单品需求、大牌品牌联名需求，都需要关联对应的活动排布做资源承接。三超活动、场景活动、IP 联名活动背景都来源于品类需求。

4. 整体活动的排布需要满足社会化的趋势发展

互联网环境不会缺少话题热度和段子，这些热点话题的传播度非常高，活动同样可以贴靠和做创新组合，满足临时性热点快速贴靠、社会化资源需求补给等。

（二）如何做一场 S 级活动

S 级活动是全年的活动主线中最大的一次，无论是销售压力还是资源投入都是最大的。通常策划落地一个 S 级活动，会调用平台大部分的营销资源、内外部可用的促销资源、线下的人力资源。

1. 主会场中心化入口和多品牌分会场入口

销售压力大牵涉的资源方的规模也会很大，活动项目立项初期，联动平台内 TOP 品牌方，10~20 个品牌进行意愿招标，根据各个品牌往期在平台的销售占比、动销排行及用户美誉度等维度，最终筛选 8~10 个进行最终合作，形成品牌矩阵。品牌矩阵作为各个分会场入口在主会场进行资源轮播和参与 BI 排序，主会场根据用户品类偏好展示关联品牌内容，提高主会场导购效率，如图 3–3 所示。

2. 拳头商品 + 各类功能性商品组合

品类楼层在活动页面上的功能需要多元化，每个品类属性已经决定了大部分运营指标的发展，根据品类属性合理排序楼层。

首屏推荐楼层每天使用 9 个拳头商品，确保 9 个拳头商品的动销率在该品类中排名前 10，作为重点主推单品，每个 SKU 直降折扣力度都必须是全站最高，也会作为噱头支撑页面利益点。这部分补贴计划，我们根据流量和转化的预估推导单量需求，在招商的过程中联动品牌做补贴比例承担。

高频低客单生鲜楼层，功能主打订单转化和用户复购；低频高客单母婴楼层，功能主打销售客单；低频低客单日百类楼层，则强化补贴政策，引导用户多买多省，囤货必备，功能同样主打订单转化。这里的策略逻辑在于保证品类属性的功能体现外，利用商品临期属性做促销出清，无限放大用户的潜在需求。例如纸巾、矿泉水、洗衣液等超长保质期商品，用于做大促囤货品类再适合不过。

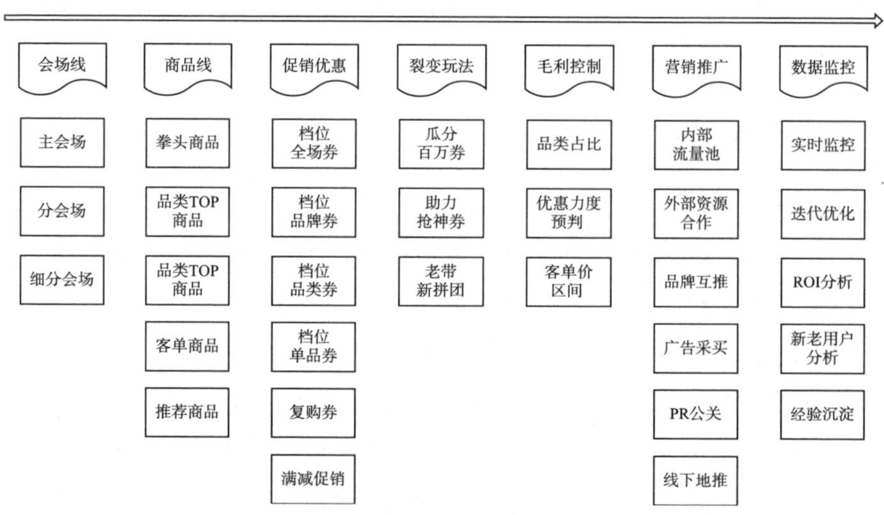

图 3–3　S 级活动拆解图

3. 优惠券 + 各类满减促销的搭配

优惠券的组合本质上是一场数字游戏，我们常见的优惠券体系都是基于商品毛利、行业价格周期浮动、平台客单、预估销售 ROI 等数据维度搭建的算法。随着业务发展和商品供给的丰富度提升，优惠券的类型也会多样且规则复杂。平台全场通用券、品牌券、单品券、品类券及店铺券都会根据活动的不同类型和品牌的补贴意愿进行设置。

基于大促活动属性，大部分主会场和分会场的主推商品都会有商品促销，因此对优惠券的设置需要考虑排券，排除部分主促品控制商品毛利。

基于用户消费体验服务，优惠券按照消费门槛设置一般会按照品类商品价格设置多个档位的门槛券，确保用户在商品加车后可以自动推荐最优的力度优惠券。

4. 标配的裂变玩法

玩法的植入，对于 S 级活动一定是标配存在，活动过程中的每个时期都会有差异化的玩法匹配。

活动预热期的目的是营造声量，同时满足用户的提前预售预购需求。在预热期过程中设置病毒营销 H5 场景页，例如支付宝的年度消费类账单、消费人格测评、DIY 心目中的理想生活，紧贴用户自身和消费强关联绑定，满足用户成就感、好奇感、炫耀感，引导用户自发传播。

活动高潮期的目的是裂变引流，在业务推进中我们用得比较多的是裂变瓜分优惠券，邀请 N 个人组团瓜分 500 元优惠券，过程中主人态需要邀请 5 个好友组团，包含 3 个未注册的新客和 2 个已注册的老客，邀请组队完成，团队瓜分 500 元现金券。

有了新客的裂变引流，自然会有老客的多层转化。针对老客转化的管理，在 S 级大促内通常会以任务中心的形式出现，任务中心的雏形本质上是一套养成系统，逻辑规则包含积分成长、阶段性奖励、页面任务达成。用户通过在活动主会场内的连续回访、累计下单、累计邀请、下单金额等任务条件，获取分阶段性奖励。

5. 数据监控实时调整优化

前端页面的产品体验、会场走查、坑位信息内容、价格促销的准确性都是产品上线之后的必备检查项，检查项以浏览表的形式输出，活动周期内每天进行逐一校验。

后端数据的监测，从过程指标到结果性指标，对销售 GMV、客单价、毛利率、页面转化率、新老客数量、品类销售结构都实时进行监测，对于预期风险项提前做应对策略筹备。

（三）三种活动形式和创意

1. 品类销售驱动型形式

品类销售驱动型形式在新零售业务内通常是应用最广泛的，任何一个热点和行为场景都需要和销售产量关联。我们发现周末的销量在一周内最高，客单价也是最大的，所以制定了周末购的 IP 活动，每周指定品类计划策略在周末进行主推，高频带动低频，放大周末用户购物需求。

对于消费型用户制定场景类活动，类似“一日三餐”活动场景，用户早晨 7 点前进来，主推早餐品类，上午进来主推中午做饭的食材，中午进来主推下午茶休食品类，下午进来主推晚上做饭的食材，晚上进来可以享受夜宵品类。地域特色、餐桌习俗都可以很好地绑定品类销售做延伸。

2. 玩法驱动型形式

社区拼团的活动类似于目前的社区团购雏形，社区是用户最大的线下种子用户群体，大部分社区都有自己的小区微信群，有天然的信任关系链和传播阵地。以基础的民生用品作为拼团的促销品类，根据成团人数，折扣价格也会有梯度级别。例如 3 人团 9.5 折叠加用券成团，5 人团 9 折叠加用券成团。用户在成团后多个订单后台合并成一个总订单，单次配送到一个有效地址（团长的收货地址），团长给邻居分发，降低运费。

3. 内容驱动型形式

做电商也不乏增加一些情怀方面的内容输出，通过图文、视频和轻互动的形式表达。例如在年货节的大促征集暖心团圆餐的视频，充满地域特色美食的年夜饭，视频中增加品类入口，用户一键直达购物页面，一站式配齐年夜饭所需食材。在大促会场底部增加一些用户 UGC 的补充内容，用户自主上传照片、文案等轻互动内容，烘托线上社区化氛围。

一个成功的活动不能以“KPI 达成”为唯一衡量指标。方案多轮挑战而定终稿的创意思维能力，资源预算分配过程中的资源管理能力，跨部门沟通过程中建立的多方合作的规范流程，商品和优惠策略制定中的成本管理思维，实时监控而优化过程中的应变能力等。360 度的多元化软性能力提升才是这个活动对于 PM 和团队真正有价值的目标。

三、优化优惠券系统，促进购买

百度百科对优惠券的解释是：消费者在购物过程中降低产品价格，提高购物决策的营销工具。我们不妨把这个解释拆成 3 个维度进行分析：它是一种“营销工具”，涉及营销必然涉及消费者心理变化；它能降低消费者在购物过程中的产品价格，涉及价格必然涉及利润核算；它还能有效提高消费者的购物决策速度，涉及购物决策必然涉及发放策略和各类场景。

（一）需要懂得洞察用户心理

优惠券作为一种常见的营销工具，营销跟用户心理当然紧密相关，新零售的用户购物特征整体偏向价格导向，所以这个营销工具具备很强的“敏感性”。

1. 抓住用户的投机心理，用噱头满足用户

主观认为 1 元的费用换取远高于 1 元的价值内容，从而满足自己的窃取感，所以“趋利心理”明显突出。前端包装核心噱头点可适当放大，确保在 0.5 秒内抓住用户眼球，“全场满立减”“第二单免邮”等。

2. 抓住用户的猎奇心理，用惊喜满足用户

相信积极的人总能看到生活的阳光面，永远对美好事物抱有期待，同样可以软性植入购物环境。

设想几个场景：搜索某个关键词，例如“牛奶”，在搜索列表页弹出一张牛奶的品类券；当我们在线下使用扫码购结算时，识别购物篮内有鸡蛋，此时会送你一张鸡蛋的品类券，便于二次复购时使用。类似的场景有很多。

3. “二八原则”定律，做好预期管理和落地

心理探索后的下一步需要执行预期管理，互联网有一个“二八原则”，也是常用原则。我们在做很多大型促销活动时，只能满足部分人的利益，无法满足所有人的利益。通常考虑二八原则，大力度神券或者奖品的数量设置需要保证 20% 的参与人可以真实获得，若低于 20%，口碑和信任成本将很难挽回。

（二）明确优惠券的目的，控制成本

优惠券的目的，如图 3–4 所示。

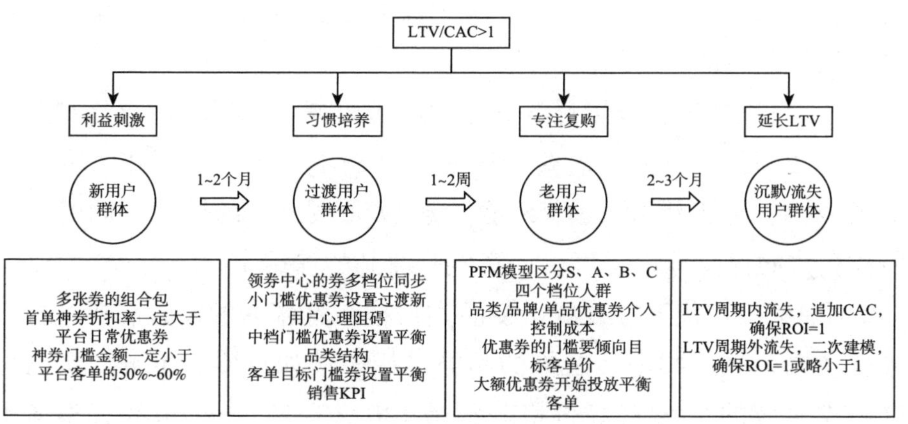

图 3–4 优惠券的目的

1. 针对新客发放，主导新客首次下单和引导购物体验

· 新人券一定是多张券的组合包，券包总面额具备噱头性，例如 88 元、99 元、168 元、188 元等。包含首单、二单、首单免邮、品类券等多种组合。通常是 5~8 张组合，神券会优先使用，适用于首单券，力度梯度也从首单到复购进行由高至低的排列，整体总成本

不要超过设定的 CAC 成本。

· 首单神券折扣率一定大于平台日常优惠券或老客券折扣率，业务初期便于口碑宣传，新客的首单通常适当放松到 6~7 折，以便快速转化零单新客。

· 神券门槛金额一定接近平台客单的 40%~50%。例如正常客单 80 元，新人券门槛可以设为 39 元或者 49 元，假设力度按 6 折计算，优惠券可以定为满 29 元减 10 元、满 39 元减 15 元、满 49 元减 20 元等，CAC 可控，核销率也能到 25%~30% 的均值。

2. 新用户走完首单，开始用日常券进行过程培养

第一批新用户下完首单后，在 2 个月内我们需要对其进行常规培养，不断往“老用户”标准贴靠。培养形式很多，这里我们先说优惠券。

· 领券中心的券多档位同步：领券中心是培养用户购物习惯的重要入口，60%~70% 的用户会在下单前先领券再购物，需要设置多张差异化且目的不一样的优惠券档位。

· 小门槛优惠券设置过渡新用户心理阻碍：此时的用户是刚刚经历过满 29 元减 10 元，需要继续增加一档小门槛券，折扣力度可以适当减小，考虑满 29 元减 5 元、满 39 元减 8 元的档位。同时，小门槛档位的优惠券设置可以提高生鲜商品的渗透率。

· 中档门槛优惠券设置平衡品类结构：这张券的设置需要进行多维度考虑，先拆解平台主推的品类结构（例如母婴、生鲜、快消），这三类对应的平均 SKU 价格分别是 120 元、25 元和 60 元，整体平台用户品类分布重点落在做饭和居家的使用场景中，因此我们设定品类权重，确定优惠券门槛。门槛 =20% 的母婴 +40% 的生鲜 +40% 的快消 =58 元！按照常规促销力度折扣 85 折上下浮动，最终可以考虑满 49 元减 8 元或者满 59 元减 10 元的档位。

· 客单目标门槛券设置平衡销售 KPI：销售目标的完成除了订单量上升，还需要客单价有一定提升幅度。首先，按照品类销售结构和价格带分布情况，周期性监测价格带的分布占比，调整前端主推

SKU，增加高客单品类曝光，高客单品类组合低客单促销，降低低客单品类独立购买。其次，行业竞品客单走势，也是我们平衡和对标设置的参考依据。盒马鲜生、大润发、永辉线上集中在 80~100 的水平，因此考虑增设满 99 元减 15 元档位的客单券。

3. 准“老用户”培养 2 个月后，逐渐复购化

这一部分用户经历 1~2 个月的培养后，开始适应并逐渐习惯购物节奏，此时优惠券策略重点在于拉复购。

· RFM 模型区分 S、A、B、C 四个档位人群，按人群购物特征指定差异化策略。对 S 级用户实行弱触达、高产出策略，A、B 级用户实行强触达、中产出策略，C 级用户进行强培养。

· 品类、品牌、单品优惠券介入控制成本。经历过 3~4 次后的用户品类属性有了初步的模型，这时需要抓住品类偏好，单一品类适用券，折扣成本就更好把握。同时，有和供应商谈判的空间，供应商承担部分比例。

· 优惠券的门槛要倾向目标客单价。这个阶段需要增加客单价门槛优惠券的种类或数量，拉动销售 GMV。

· 大额优惠券开始投放平衡客单。对于新零售业务，提高生鲜渗透率一定是硬指标，但生鲜客单价很低，同时要满足较高的客单冲刺，这时就能体现大额优惠券的价值。从宣传角度打出“买多省多”概念，从供应商角度打出扩大销售件数的利益。

4. 用户逐渐流失后的召回策略

流失用户的召回核心就是拉长整个用户的 LTV。这里区分两种情况：一种情况是用户在 LTV 周期内流失；另一种情况是用户走完了 LTV 才流失。

· LTV 周期内流失：追加 CAC，确保 ROI=1。按照上述场景，该用户至少在以后的 3 个月内每月购物 2 次，也就是 6 个订单。假设期间只下了 3 个订单就流失，这时需要针对性投放品类券，门槛金额成本需要回顾该用户的前 3 次 LTV，追加 CAC 拉平 ROI。

· LTV 周期外流失：二次建模，确保 ROI=1，或略小于 1。如果用户用了一段时间，想回归其实很难，远比第一种流失难！这时候需要二次建模，追加 CAC。理想情况下可以做到 ROI=1，或者略小于 1。如果发现持续一段时间后 ROI 仍然远小于 1，请果断放弃此类用户，资源可用于拉新。

四、优化促销体系，提供最优选择

线上电商最不可或缺的销售方式应该是促销，从传统电商到社交电商 / 新零售电商，每一个业态变革的过程中都能滋生一些玩法和促销类型。新零售同样如此，拥有传统的线下促销体系，搭配线上组合玩法，加速推动用户折扣消费。

我们深度调查过各个层级的用户群体，根据高频、中频、低频三个档位的用户对促销的反馈，我们得出几个反馈相对集中的信息点：

· 30% 的用户购物重度依赖促销，70% 的用户随性购物。

· 70% 的用户认知最强的促销是满减和优惠券，30% 的用户认知是其他。

· 20% 的用户购物认为促销越多越好，便于选择和对比，80% 的用户认为越简单直接越好。

回归最单纯的用户体验考虑，促销的价值是让利给用户，享受更好更便捷的购物体验。对于平台而言，合理地安排促销形式应用在不同阶段下拉高平台数据指标，应对运营策略。

（一）8 种促销方法

新零售的促销玩法很多，从简单的满减到满折，任何能跟消费关联的环节都有机会增加“套路”。受限于新零售，需要综合考虑线下的库存管理、人效时效成本、毛利控制等，所以在平台内挑选有效的促销方式和挖掘核心价值点就变得尤为重要。

1. 折扣满减

折扣满减是用户投票最多、依赖度最高的促销形式，使用便捷、直观清晰。折扣满减可以按以下几类进行区分，是常用的促销形式。

· 全品类满 M 元减 N 元、全品类满 M 元打 N 折、全品类满 M 元返 N 元。

· 指定品类满 M 元减 N 元、指定品类满 M 元打 N 折、指定品类满 M 元返 N 元。

· 跨品类满 M 元减 N 元、跨品类满 M 元打 N 折、跨品类满 M 元返 N 元。

从形式上不难发现，用户享受折扣满减的前提是达到某个门槛才能获得优惠！有了门槛设定，可以考虑跟销售客单和销售数量挂钩。因此，折扣满减的价值点在于提升单次购买内的客单/销售额。

满减的信息沟通具有直观性，任何商品页面增加“满 99 元减 20 元”的字样，极短的时间内就能让用户快速消化。因此，折扣满减的另一个价值点在于提升整体品类的转化率和导购效率。

2. 品类捆绑

对于新零售而言，品类捆绑的形式比传统电商应用得更广泛，平台方为了平衡商品毛利和品类动销，捆绑 A 和 B 两种或多种形式的 SKU 组合成套餐进行销售，套餐总金额小于分别单买的价格。

2020 年，新零售下的生鲜加速发展，民生用品的供给暴涨。利用多款 SKU 组合打包生活食材套餐包，包含生鲜瓜果蔬菜、牛奶米面油等品类。用户通过对不同套餐的选择，一站式配齐所需品类。

高频带动低频，品类属性关联，高客单带动低客单都是品类捆绑的出发点，既能很好地平衡商品之间的联动销售，又能快速地满足用户的多品类“囤货”需求。不难发现，品类捆绑的价值点在于提升整体毛利和品类销售。

3. 限量包邮

限量包邮策略在新零售电商内的应用同样排前列，缘起新零售，线上下单线下 1~3 公里内 1 小时极速达，最后一公里的运输成本是每个新零售商需要面对的大山，而该成本的转嫁最终会回到用户身上。因此，关于限量包邮的促销策略会逐渐增多。

限量包邮的路径是用户消费金额或者单量达到某个门槛，即可享受包邮到家，和满减类似，核心价值点是提升客单、销售额、单量。

4. 秒杀特价

秒杀特价的应用通常会以单个栏目模块的形式出现在页面首屏，应该是所有线上电商都会采用的促销形式之一。促销通过设置一个很低的价格和有限的抢购时间、数量，引导用户快速购买，营造买到就是赚到的购物氛围，从而达到平台核心价值点：降低毛利、提升销售额。

业务发展逐渐成熟后，秒杀特价促销会越发细分，基本可以区分为以下几种形式：

· 全品类限时限量秒杀，特定品类限时限量秒杀，特定品牌限时限量秒杀，特定单品限时限量秒杀。

· 多品类统一特价（例如全场 9.9 元），多品牌统一折扣（例如全场 7 折），多单品统一特价。

5. 积分会员

积分会员促销是典型的“惊喜”表达，用户在消费前并不能像满减促销一样享受优惠，而是在消费完成之后获得一定的积分便于第二次消费的抵扣。消费越高，积分越多，二次消费抵扣就越多。因此，积分会员给平台带来的核心价值点在于复购和留存。

6. 试用试吃

传统线下零售门店试用试吃普及率非常高，用户也乐于在逛店的时候试用小样或者试吃新品，从而作出购物决策。试用试吃在线上同样适用，通常区分两种参与形式：

· 全员参与：限时限量参与、免费领取、试用试吃，主推引流 / 网红商品，价值点在于品类 / 品牌引流。

· 限员参与：挑选指定头部高频用户推送该活动，输出客观使用反馈，价值点在于商品反馈，优化调整。

7. 定金预售

定金预售的玩法很大一部分应用在传统电商下的大促预热期，用户通过提前支付部分定金预先购买高潮期的主推品类。首先，给活动预热期和高潮期做氛围造势；其次，对于高潮期的品类销售同样能起到拉升作用。

新零售的发展，同样存在定金预售的促销，如季节性生鲜品类，预售也开始由大促的定制化逐渐演变到季节性品类的应用。例如 9 月、10 月是吃大闸蟹的黄金期，平台方于 7 月、8 月开始预售蟹卡；智利车厘子 12 月是销售黄金期，平台在 11 月开始预热做预售；中秋节的月饼、端午节的粽子、年货节的礼包更是明显的商品导向预售促销。

商品导向的预售不同于其他促销手段，库存更容易被把握。用户在预售期的订单库存显而易见，对于高潮期的爆发也更容易计算和筹备足够的货量。

8. 团购众筹

从线上百团大战到线下社区团购，行业里聚群式促销在每个业态变革下都有创新的玩法和参与形式。传统电商典型的拼团、团购、众筹，多人一起下单购买，最终以一个相对优惠的价格成交。

新零售的应用基本链路差别不大。出于对线下社区的人群考虑，逐渐由线上转战到线下，团购模型也演变为社区团购，平台方挑选头部高质人群作为团长，并给予专属二维码。团队利用自己的社区人脉，引导社区用户下单，最终团队获得每单收益。正常用户受到社区团长推荐也能增强信任感，从而加快购物决策。

社区团购的本质是社群商业化和人脉商业化。线下社区是天然的 O2O 流量池，但没有桥梁增加邻里间的串联，从社交到商业行为自然少之又少。社群的诞生和功能迭代，无论是沟通还是交易，让原本互不认识的邻居更加有温度，通过商品的交易增强熟人关系链的信任感。实际上，社区团购有时候比交易更重要的不是货品，而是商品背后的感情。

（二）平台不同发展阶段的促销方法

我们不妨把平台按照阶段曲线进行拆解，从用户导入期到用户流失期会经历 5 个发展过程，包括 4 条发展曲线。每个阶段的平台策略和用户健康度都不一样，每个促销的价值点也有差异，应把促销合理分配到每个阶段，如图 3-5 所示。

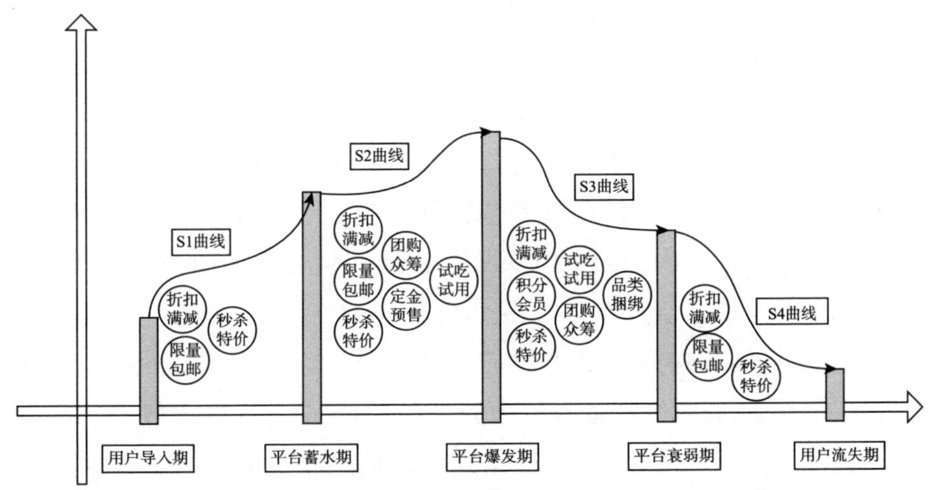

图 3-5　阶段曲线拆解

1. 用户导入期到平台蓄水期

这个阶段，平台属于起步阶段（S1 曲线），包括用户的积累和心智，属于从 0 到 1 建立的过程，以下几个维度需要考虑并和促销建立关联。

· 购物品类心智培养：平台起步阶段，优先让用户快速感知到品类特色，并建立以品类为维度的心智。某某平台主打生鲜，要不断提醒用户买生鲜上某某平台。因此，前期考虑主推品类满减、品类折扣等促销非常必要。

· 理想目标客单培养：目标客单很大层面是决定销售的关键因

素，也是培养用户在平台的消费力。例如我们前期设定80元的客单价，就可以利用满减促销，设置90元或100元的门槛，引导用户使用100元的满减券，营造买多省多的购物氛围，同时提升客单价。

· 新用户的平台奖励：S1阶段的用户基本为新用户，这部分用户最敏感也最容易流失。通常大部分平台的做法是给新人福利礼包，礼包内包括多张优惠券，便于用户二次回流核销。

2. 平台蓄水期到平台爆发期

S2曲线是平台发展的黄金时期，用户习惯和心智基本成熟。接下来需要不断对用户进行精细化分层和策略匹配，并且商品体系逐渐完善，供应商资源的利用也逐渐加强。

· 精细化用户分层：用户到了S2曲线阶段，流量池已经形成规模，需要在这个阶段对用户进行分层，通过RFM模型区分S、A、B、C四档用户，并且重点培养S级和A级用户。此时，社区团购、直播带货这类强KOL类促销形式相结合，利用S级用户作为团长/达人带动B级和C级用户，享受佣金分成。

· 精细化品类爆发：品类供应链的成熟，无疑是给品类/品牌和单品创造了切入点作为促销的来源，品类满减、品类预售、品类秒杀、试用试吃等，在S2阶段百花齐放，把品类优势放大，击穿用户对平台品类的购物心智和习惯。

· 精细化导购效率：区分用户和商品，前台的导购效率同样可以按照用户和商品进行栏目促销，定期打造固定化IP主题专栏。例如一天三餐食材优先、周末宅购随心享、日日新鲜直达，主题分明，直观明了，让用户看完栏目标题后就能清楚促销内容，从而提高平台导购效率。

3. 平台爆发期到平台衰弱期

平台经历过爆发期后开始出现回落，行业发展、竞品压力、市场需要都会发生变化。对于新零售而言，主推的购物场景是“生活”，主推的品类是“高频民生”，基于两者，S3曲线远比传统电商变现更长，周期也更长。

· 培养用户复购留存：用户在 S2 曲线经历过拉新和转化的过程，S3 曲线的重点则是拉动复购和留存。无论售前还是售后，尽可能精准触达用户复购的需求。主推积分会员，用户消费即可累计积分，积分在二次消费时可直接抵扣。结算后推送复购券，用户在单次购物完成后，精准派发指定品类偏好用户对应的单品券。

· 平衡品类动销健康度：商品品类在 S3 阶段形成了稳定的动销周期。在近一个月非大促的情况下，品类销售情况表基本就能反映出平台在市场上的表现，包括用户的品类偏好、指定品类的市场占有率等。因此，S3 阶段需要发力的空间在于高频带动低频、高毛利带动低毛利，利用品类捆绑、跨品类满减、跨品牌满减的组合形式，平衡整个品类结构，确保品类动销健康度。

· 培养用户自主老带新：流量池通常在 S1 和 S2 两个阶段集中发力拉新，沉淀到 S3 阶段基本属于存量用户的消耗。主动式的增量用户拉新开始出现压力。因此，S3 阶段大力发展老带新，利用老用户带新用户的策略主动获取增长会很有意义。老带新的促销玩法、分销获客、社区团购的大力发展都可以在这个阶段加大投入。

4. 平台衰弱期到用户流失期

当平台发展到 S4 曲线阶段，生命周期趋于弱势，无关平台策略的好坏，任何平台都存在这个阶段。我们需要直面的策略是“聚焦”。聚焦核心用户，聚焦核心品类，开始摒弃不重要的投资，抓大放小并放大主体。

· 核心用户情感投资：用户在 S4 阶段开始出现流失并存在召回困难的情况下，大多数用户会跟随市场发展和竞争压力而转向其他平台或购物形式，留下来的属于小部分仍然有购物行为的核心用户。抓住这部分用户，定期给予折扣满减、限量包邮的促销形式进行单点投资，提高这部分用户的平台贡献率。

· 核心品类需求供应：S4 阶段的商品结构需要全力做减法，排除低动销的商品品类，保证核心用户的商品供给和平台生态的正常运转。

促销的形式从来不缺创新的迭代，任何以销售为目的的促销都存在合理性。平台方需要考虑的重点在于不同阶段的合理配置，以及用户的使用体验。

五、积分体系：平台和用户的连接器

积分体系在游戏产品中出现得最频繁，具有很强的成长和发展属性。在提升用户回访留存的前提下，拉动用户的二次消费转化。因此，积分体系逐渐被社交、电商类产品包装成不同形式而沿用。新零售电商，有必要且作为业务发展过程中的一个重要分支而应用。引入积分体系，可以带来几个方面的价值：

· 线上线下场景的关联：线下场景是丰富复杂的，用户行为、品牌合作、营运手段都需要桥梁连接。

· 小程序电商的留存：小程序电商的留存一直饱受诟病，需要高效的玩法提升用户回访率和黏性。

· 丰富的促销形式：数字化零售，面向用户的促销形式都是提高转化和复购的手段，创新形式的玩法自然成为电商追捧的重要因素之一。

新零售电商的积分体系因为关联线下，所以在很多形式上的打通会区别于线上，我们在确保线上的目标达成外，还需要兼顾线下的场景关联。这里按照四个步骤分析积分体系：积分目的 + 积分参与形式 + 积分投入成本 + 盈利模式探索。

（一）明确积分目的，从目的分摊到形式

积分体系和电商促销体系类似，每一个积分的玩法都需要以平台业务发展和各项指标为前提，包括但不限于用户行为指标、平台发展指标等维度。

1. 从用户流程行为动线出发，拆解指标需求

我们拆开用户从进入平台到支付完成再到关闭平台的最后一刻，在过程性指标内选取几个核心点，组成积分体系的本质需求。以下是积分常见的几个使用需求。

· 用户成功支付：用户支付成功一次获得 1 积分，或者支付成功的金额对应积分的数量。

· 用户支付金额：和成功支付同理，抓取用户实际支付金额，通过金额规则给予积分数量。对于平台而言，支付成功和支付金额两个指标可以有效地核算支出成本，便于计算 ROI。

· 用户周期复购：用户在单次支付后，下一步的需求是希望该用户产生更多的复购行为，通过积分化的利益刺激、引导用户多次复购。有实际交易行为，可核算 ROI。

· 用户周期回访：周期回访是指连续登录 N 天，获得周期性的奖励，通过奖励引导用户连续回访提升留存率。“签到”的本质也是积分的形式之一。

2. 从平台发展指标出发，拆解指标需求

用户行为动线需求便于我们精细化用户运营和数据运营，平台发展指标至关重要。应用积分体系常见的平台化指标需求有：

· 平台品牌合作：业务发展中期，面向的用户不会局限在 C 端，逐渐面向 B 端品牌商，丰富的合作模式和带货能力是我们需要思考并做好平台赋能的基础。积分的加入在用户精准触达、品牌露出上明显提升。

A 用户购买 3 件商品总价 100 元，2 件是蒙牛品牌的乳制品，总价 80 元，支付成功后，总积分按照品牌拆解，用户本次可得 100 积分，其中 80 积分属于蒙牛品牌积分。奖励可按照通用和品牌提供的奖励进行区分。

· 线上线下连接：线下的场景丰富复杂，和线上设计同理。首先利用积分作为切入点数字化线下用户，其次可以关联线下 KA 合作。

首先，用户在线下完成支付或者用户使用扫码购支付，可获得更多的积分奖励，鼓励用户使用扫码购支付，推动数字化发展。其次，线下商超有很多小商户，如理发店、眼镜店、药店，可以关联优惠券，加强合作。

（二）强调积分噱头，从认知提升到参与

在各方面指标需求的前提下确保成本可控，积分的逻辑和规则一定是复杂的。随着模型的发展，参与维度和数据统计维度也会越来越多。但我们给用户的展示却只能简单，有引导性、持续性。

1. 积分的参与务必具备极低门槛，提高用户“参与度”

能用一步操作完成的玩法，千万别用两步！对于平台方，积分的本质动作在于“收集”，平台需要收集用户的行为数据。

用户完成支付后，在支付结果页点击“领取”完成积分操作，甚至不需要点击，自动存储到个人账户；用户分享平台页面到群奖励积分、用户在活动页面点击“助力”奖励积分、用户每天签到等，都是极低门槛的积分获得形式。

2. 积分的包装务必具备可玩性，提高用户“兴趣度”

用户是刁钻的，很容易对平台产生疲软性，这就要求平台方尽可能应用互动性强的玩法，提升用户对积分的“兴趣度”。当然，操作层面务必简单易懂。

淘宝的淘金币，通过用户播种和收菜的形式来积攒；京东的种豆得豆农场积攒和瓜分京豆。类似的轻度养成类小游戏融入社交因素的可玩性也很强。

3. 积分的兑换务必具备噱头性，提高用户“持续度”

0.3 秒的用户关注时间，需要快速抓住用户眼球并且持续化引导。需要明确的利益点和预期，给足用户期望，也给足用户希望。

积分入口在用户首次进入时，明确的噱头告知“攒积分，领 50 元神券”；当用户二次进入时，明确的噱头告知“距离 50 元神券，只差 130 分”。清晰的进度条展示和强引导提醒，反复推送，用户预期刺激达成。

（三）核算投入成本，确保健康数据模型

新零售平台积分体系，无论是发行量还是发行成本都需要经过严格的比例模型，才能通过这个模型反映整个积分商城业务健康与否。这就要求我们在做积分商城奖品投入时核算并预测 ROI，建立清晰的数据推导公式，并通过 1~2 周的实践来验证公式的正确性。

从利润反推成本上限：假设日均销售 GMV100 万元，净利润 10%，平台每天净收入为 10 万元。我们可以从利润中抽出一部分用于积分，假设抽出净利润的 10%，也就是 1 万元，这就是积分商城每天的成本上限。

结合行为指标明确发行数量：先假定一个领取比例，1 元 =1 积分，积分领取规则是用户实际支付多少金额则下发多少积分，按照日均 GMV，我们每天预计发放 100 万积分。

根据日均总利润控制奖品投入：日均总成本控制在 1 万元，则每天的奖品上限需要控制，无论是优惠券奖品还是实物奖品，总价值确保在 1 万元以内是理论值最保守健康的数字。

试运营一周检验积分使用率：在没试运营前积分的总成本 = 投入的总成本。但实际运营过程中，领取兑换一定会有比例的折损。和优惠券核销率同理，用户领取了 100 张优惠券，但实际消耗了 50 张优惠券，实际消耗的数量才是真实的积分投入成本，可以根据这个成本再次精准地明确积分商城的奖品数量。

灵活应用虚拟化奖品和实物奖品：在运营过程中，虚拟化优惠券或者到店立减类的奖品应用是最广泛的，其次是实物奖品。通过 8 : 2 的奖品类别（二八原则）。原因在于虚拟类奖品用户在领取并消耗的过程中能产生 GMV 销售，而实物奖品更多的是真金白金的投入。这里建议优惠券挑选品牌合作券，成本和平台比例分摊，既能降低平台成本压力，也能保证高 ROI 输出。

试运营过程中的反复校验：任何推导性的模型都需要实践来校验，积分作为数字货币本身没有价值，比例也非恒定，更多的校验

在于用户的领取、兑换、使用率和最终的成本是否在可控范围内，也是作为运营方检验业务发展是否顺利的标准。

（四）探索增值服务，打造平台闭环体验

积分商城的模式成熟后，对平台促销、平台合作、用户精细化运营都可以进行增值服务的探索，这是尝试把积分体系从用户层发展到平台层的核心闭环服务之一。

· 用户行为探索：用户在任何一个环节的过程指标，如访问、留存、跳转、分享甚至拉新，都可以精细化按照不同的操作行为奖励不同的积分值，闭环用户在平台内的整体操作。

· 平台促销探索：积分商城本身是一个商品专栏频道，包括新品、引流品、高动销品、限时低积分兑换商品，前提是把握好积分成本，它们都可以作为一个集中商品池运营。

· 平台资源探索：作为一个准中心化入口，包括品牌 / 品类 / 单品优惠券、权益商品、特殊性积分玩法、大促活动闭环等。

积分的价值在于关联平台和用户，作为一个连接器。其承担的义务不局限于作为平台盈利的工具，更重要的是，需要闭环地连接平台和用户之间的需求，连接平台和品牌之间的合作，连接线上和线下。

六、从 0 到 1 设计爆款 S 级大促：年货节

（一）拆解活动销售预算，明确销售指标

GMV 销售预算是业务的核心目标，年度销售预算通常会根据企业战略化布局和业务体量提前一年制定。明确年度销售预算后，接下来需要根据每月的销售浮动曲线和大促节点来拆解预算，并且颗粒度会细化到每个档位的活动上。（备注：由于数据敏感性，以下数据并非真实数据，仅供参考。）

1. 从整体预算拆解到独立活动预算

年货节作为 S 级活动，承担的销售指标自然是大头，活动预算大概占全年的 10%。假设年度销售额总预算为 50 亿元，则年货节至少需要承担 5 亿元，为了确保盈利收益，活动的净利率均值需要达到 3%。

2. 从活动预算拆解到指标设定

销售的完成离不开几个关键因素：新客数、老客数、转化率、客单价、订单量。我们公式化这些因素，然后拿到业务目前的客观数据嵌套进行拆解。

先回顾一个基础公式：销售额 =UV × 转化率 × 客单价

· 平均 UV 指标设定：根据最近 3 个月的历史表现，我们把转化率和客单价作为公式定量，UV 则作为变量。假设日常转化率为 30%，客单价为 70 元，则销售额的公式拆解为：5 亿元 =UV × 30% × 70，则 UV=2300 万元，年货节通常为 45 天，则周期内均值 DUV 需要达到 53 万元。

· 销售曲线指标设定：任何一场 S 级大促都有自己的生命周期，每个时期根据销售的表现制定促销节奏和销售产出。年货节战线长，

我们区分 6 个阶段并设定不同的销售指标，详情如图 3–6 所示。

· 销售净利率指标设定：一场有效的活动校验最终有没有盈利，需要看净利率。净利率 =（销售收入 – 商品成本 – 各项期间费用 – 税金）/ 销售收入 ×100%。

通常，商品、人力、税金都是定值，更多的变量在于促销和推广层面。根据 5 亿元的销售额和 3% 的净利率，我们推算促销和推广可支配费用为 5000 万元。这 5000 万元就是整个年货节的总投入费用，ROI>1 也是我们需要精打细算的。

	12月26日-12月31日	1月1日-1月7日	1月8日-1月14日	1月15日-1月21日	1月22日-1月28日	1月29日-2月8日
销售曲线	20%	25%	25%	20%	5%	15%
销售额/元	100,000,000	75,000,000	125,000,000	100,000,000	25,000,000	75,000,000
客单价/元	70					
订单量	1,428,571	1,071,429	1,785,714	1,428,571	357,143	1,071,429
转化率	30%					
周期UV	4,761,905	3,571,429	5,952,381	4,761,905	1,190,475	3,571,425
日UV	793,651	510,204	850,340	680,272	170,068	324,675

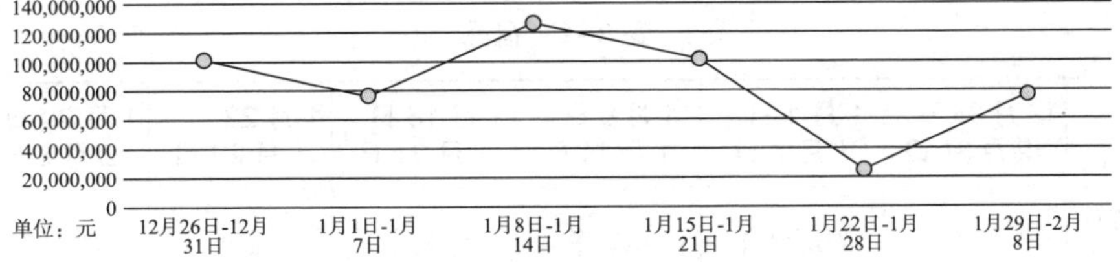

图 3–6　销售曲线指标

（二）从销售指标平衡资源倾斜

销售的拆解和指标的设定对于一场大促而言已经迈出了第一步，接下来需要根据拆解后的各项指标盘活资源投入，给手枪安排充足的子弹。

1. 品牌资源盘点

品牌方是大促内的核心角色之一，平台的转化、引流和资源都离不开品牌的支持。通常我们在业务初期，至少会联动平台内 10~20 个品牌进行意愿招标，通过往期的销售占比、力度投入、配合程度，最终筛选出 10 个品牌合作。合作形式包括平台轮播品牌日、品牌力度券、品牌自媒体矩阵推广、品牌代言人宣传等。

敲定的 10 个品牌，我们需要按照日期轮播规划排期，首先结合平台用户周期性品类偏好，其次结合平台整体品类结构性方向进行安排。

周末宅在家用户生鲜蔬菜品类占比一周内最好，则周末投放生鲜品牌。周三办公族轻食品类购买占比高，则投放牛奶、休食类品牌。以此类推，规划整体品牌排期。

2. 商品资源盘点

大促盘品需要遵守的原则是务必按照销售节奏周期分别盘点，如预热期引流款、品类期品类爆款、高潮期平台爆款等。商品可以不多，每个会场安排 6~7 个商品楼层，每个楼层 6 个或者 9 个商品，50 款左右 SKU。

商品核心围绕平台的主推品类，搭配特色主体化商品套装。年货节同样有销售曲线，节日化色彩重，考虑盘品如表 3-1 所示。

表 3-1 盘品

	12 月 26 日 – 12 月 31 日	1 月 1 日 – 1 月 7 日	1 月 8 日 – 1 月 14 日	1 月 15 日 – 1 月 21 日	1 月 22 日 – 1 月 28 日	1 月 29 日 – 2 月 8 日
节日氛围	跨年	阳历新年	年货节	年货节	新年	情人节
主打品类	休闲食品	家庭清洁	家庭清洁	个护美妆	冻品生鲜	休闲食品
	个人护理	个人护理	服饰鞋帽	服饰鞋帽	瓜果蔬菜	奶制乳品
	冻品生鲜	酒水冲调	礼盒套装	礼盒套装	米面粮油	个护美妆
	礼盒套装	奶制乳品	米面粮油	肉蛋家禽	礼盒套装	蛋糕烘焙

3. 优惠券促销盘点

优惠券是影响用户转化的重要因素。这里分为两部分：一部分是品牌方协议提供，这部分优惠券在品牌招标的环节就需要明确优惠力度，例如至少提供 3 档优惠券，2 张 8 折优惠券、1 张 5 折神券，具体的门槛品牌可根据自家品类的客单设定；另一部分是平台的全品类优惠券和免邮券，这部分是真金白银，按照每个周期的销售重点分批投入，折扣低于品牌券，并控制费用。

全品类券大促通常控制在 8~9.5 折，门槛偏向平台客单价。在高潮期投放 6~7 折神券，控制少部分数量，对于拉动转化和销售效果明显。因毛利有限，所以原则是要把握数量投放，如表 3–2 所示。

表 3–2　优惠券促销

	12 月 26 日 – 12 月 31 日	1 月 1 日 – 1 月 7 日	1 月 8 日 – 1 月 14 日	1 月 15 日 – 1 月 21 日	1 月 22 日 – 1 月 28 日	1 月 29 日 – 2 月 8 日
促销强度	预热	预热	半高潮	高潮期	低迷期	返场期
平台券型力度	客单券 9 折 神券 8.5 折 回流券 7 折	客单券 9 折 神券 8.5 折 回流券 7 折	客单券 8.5 折 神券 8 折 回流券 7 折	客单券 8 折 神券 7 折	客单券 9.5 折 神券 9 折	客单券 9.5 折 神券 9 折
备注：回流券每天限额领取，仅高潮期可用，且临近高潮期前 3 天服务通知提醒。						

4. 社交玩法资源盘点

社交玩法的植入，对于一场 S 级活动一定是标准化的配置，在推广期获客阶段平台提供用户裂变玩法；新用户进来后，提供访问和留存玩法；访问之后，提供用户助力购买或者高潮期预约玩法，以便高潮期回流。社交玩法，如表 3–3 所示。

表 3–3　社交玩法

	12 月 26 日 – 12 月 31 日	1 月 1 日 – 1 月 7 日	1 月 8 日 – 1 月 14 日	1 月 15 日 – 1 月 21 日	1 月 22 日 – 1 月 28 日	1 月 29 日 – 2 月 8 日
玩法目的	引流预约	引流预约	预约销售	销售	留存日活	召唤销售
玩法推荐	签到 老带新 点灯助力 有奖商品预约	老带新 点灯助力 有奖商品预约	有奖商品预约 助力 / 砍价 / 社区拼团拉销售	助力 / 砍价 / 社区拼团拉销售 / 优惠券回流	传递福气领福袋	老用户专享礼包

· 预约期的目的在于预约和引流，所以这个阶段将老带新、新带新的引流玩法作为主推，点灯助力、传递助力、拼单奖励，包括腾讯的社交立减金都属于强引流玩法。

· 高潮期的核心在于卖货，在裂变的基础上需要产生销售。除了常规运营策略外，还会融入社交电商元素，比如助力、砍价、社区团购、社区拼团、摇一摇领福袋等强引导销售的玩法。

· 返场期的核心在于留存和召唤用户，这时候老用户专享礼包、权益商品专享价都可以有效拉动老用户复购。

5. 宣传推广资源盘点

基于上述的 UV 指标，日 UV 需要 53 万，平台本身有 UV40 万，则每天还有 13 万的缺口。

推广资源是我们在做活动内消耗费用的大头，毛利空间有限。因此，需要在这个阶段把压力平摊到几个部分的公共资源，如企业内部资源、供应商资源、战略级合作级别资源等。

宣传推广的资源不在于多，而在于精准。对于用户跳转路径和用户属性，我们不妨把所有宣传资源拆分成 S、A、B、C 四个档位，每个渠道增加埋点追踪，同时重点监控 S 和 A 档位的流量走势。

6. 商品库存盘点

库存盘点是以商品清单为基础展开的数字游戏。商品清单内的所有商品需要查看往月的销售占比情况，这个占比是第一个权重因子。根据这些商品本次的促销力度，预测用户购买件数，预测件数是第二个权重因子。我们需要看到这些商品在平台内的整体动销率，这个动销率是第三个权重因子。

综上考虑三个权重因子，统一订货，指定批次周转周期，在周期内务必满足活动周期内的供需要求。

7. 线下门店员工盘点

线下门店员工基本属于拣货员、交接员、打包员和操作员。交接员、打包员和操作员通常 2~3 位即可，人员数量基本固定。更多的压力在于拣货员，人数的设置必须按照预估单量排期，按照每个拣货员每天平均可拣完的订单人效来安排人数。

拣货员的种类也有差异，拣货员通常包含正式员工、兼职工甚至学生工。种类属性不一样，人效也不一样。正式员工已经充分熟悉操作和货品摆放位置，人效最高；大多数门店的兼职工也是熟手，人效仅次于正式员工；最差的是学生工，因为是全新接触，拣货路线不熟悉，操作不熟悉，人效综合垫底。一个大促的配置，基本上会保持 40% 正式员工 +40% 兼职员工 +20% 学生工。

8. 线下配送员工盘点

线下履约的一个核心群体在于骑手运力的配置，骑手运力的配置整体逻辑和门店员工类似，给予预估单量和骑手人效，提前配置安排骑手出勤。骑手和门店员工的差异在于，很多骑手都是第三方进行运输。第三方的不稳定因素很多，被管理性非常小，难免出现骑手运力不足的突发状况。

年货节是一个特殊性节日，骑手的出勤也会受此影响，集中在一二线城市，骑手出勤数量会逐渐减少；恶劣天气也是一个因素，北方冬天会有强降雪，骑手运力的效率会降低，接单的积极性也会下降；突发状况，例如这次疫情的爆发，大面积出现运力不足。以上 3 个因素都是影响运力的核心点，这就要求我们建立集中化运力联盟体系和运力防御措施方案。

（三）活动方案确定到落地执行

销售预算的拆解和资源盘点，这个阶段整体的大促方案已经趋于完善，接下来需要把方案落地并开始介入产品线、商品线、资源线等跨部门沟通建立项目执行时间线。

1. 反推上线日期，BY 天制定每条业务线规划

基于资源盘点，我们需要把各业务线梳理成子业务线，并且反推上线前一个月的 45 天，这是决定大促命运的 45 天。对于运营团队而言，需要把这 45 天细化到每一天，作为表格的 45 列项。而表格的横列就是各条业务线，年货节区分 7 条线（会场线、商品线、品牌线、玩法线、促销线、推广线和履约线）。也就是说，我们需要建立一个 45×7 的表格，并且每个单元格需要根据业务进展填写一个关键项，这个计划表会作为定期周报进度表进行追踪。

2. 项目大 PM 和细分 PM 制，责任细分到人

每场大型 S 级活动选定一个项目总 PM，项目总 PM 需要极强的跨部门沟通能力和领导力，引领整个业务的顺利发展和上线，对业务进度负责。7 个细分 PM，每条细分业务线会安排 1 个专职人员作为细分 PM 进行跟进，每个 PM 对每条业务线的跟进情况和上线效果负责。整个团队为整体业务销售和净利率负责。

3. 项目增加风险预警和备选方案

项目的推进总会受到过程阻碍或者 A&B Test 考虑，这就要求我们落地业务线的过程中需要 PlanB 思维，针对不可预知性强的细分业务和强影响转化的业务准备第二套方案。

项目经验告诉我们，玩法线、推广线的不可预知性最强，往往参与率和转化效果跟预期有较大出入，所以针对资源推广形式方案，至少准备 2 套方案。例如公众号推文，准备一篇科普文，一套伪活动页面文，两种形式可随时切换。

作为 Saas 平台的应用，玩法的种类自然能够满足业务需求，在大促的应用会提前准备 1~2 套目的一致的玩法，并且在线监控数据表现，进行随时切换。

4. 善用第三方执行团队，落地线上线下细节

代运营供应商也是做大促时必备的一个团队，这个团队需要负责的是纯执行的内容。作为 PM，我们监督并明确排期和效果 ROI 预期。例如供应商拥有强大的流量明星艺人，我们跟供应商接洽推广方案，接着让代运营执行落地。

年货节是中国传统色彩浓烈的一个促销节日，线上利用短视频形式互动，体现过年送礼必购方案。线下邀请艺人前往门店，在门店做粉丝见面会、线下扫码领券优惠购等活动。一系列的线上线下执行都需要利用第三方运营公司。

5. 项目执行前的用户调研和应用

用户调研，相信绝大部分大企业都会设立一个独立的部门，我们应用最多的是大促前的筹备，在商品线、品牌线、玩法线邀请各个阶层的用户进行付费调研。

我们在活动执行的前 2 周会分别邀请线上和线下核心用户群体，他们的年龄、职业都不同。各个阶段的人群在封闭会议室填写相关问卷，其内容包括对商品的青睐、品牌的偏好、主流玩法的教育成本。最终输出用户调研报告给各业务子线 PM，可以作为方案策划的权重占比之一。

（四）项目上线及回顾

项目上线是校验前期所有准备的有效性，实时性的监控和快速的试错调整也是活动周期运营团队每天的日常和重要事项。

1.Checklist 品控校验无误后确认上线

Checklist 的应用通常在项目上线前一周进行执行，首先会结合项目周期的项目管理表，其次会结合项目执行过程中的重点节点。两个事项表综合组成品控 Checklist，主 PM 和细分 PM 会逐项检查和进行品质把控，确保零失误，确认最终上线时间。

2. 数据看板颗粒度细分到小时级别监控

70 寸的数据看板会成为活动上线周期内的主要监控设备之一。数据看板内追踪相关的核心数据，包括但不限于 GMV、转化率、商品动销率、优惠券核销率、履约完成数、取消数、毛利等，并且时间维度会拆出以小时为单位，便于监控和调整。

数据监控的效果同样会引导我们在线调整和优化策略。平台转化率达不到预期，快速调整首页模块布局和商品资源分布，优化导购效率；新用户每天的输入数量达不到预期，快速增加线下推广力度和获客手段，把对次要门店的资源投入挪到重点门店做资源倾斜，便于高效率获客。

3. 机会点的放大和应用

项目周期总结至少 3 个核心机会点。年货节最大的机会点莫过于对线上布局的调整。面对疫情，我们快速总结核心机会点，并推动执行。

· 改善商品结构，提高民生商品占比。年货节的筹备很大一部分品类规划在于送礼应用场景，面对疫情的爆发，我们需要快速调整战略，把核心民生商品米面粮油的占比最大化。供应商直采模式打通，线下补货周期频率几十倍提升，线上品类套餐的绑定销售，最大化满足用户一站式无忧消费。

· 快速布局城市自提业务。加速自提业务布局，以点到面，从单个门店到城市级别覆盖，优先发力核心灾区城市，联动社区提货对接人，统一上门提货并在社区内分发到户，极大地缓解疫情期间的运力压力，也能高效精准地提高社区的到货效率。

· 社区串点配送，高效直达专车专送。社区串点配送基于门店周边核心小区，用户下单不再受限于 3 公里，通过调整优化商圈图，合作固定社区。配送方在门店一次性装车，按社区位置挑选最佳路线逐一分配到社区大门，最后通过社区对接人分发到户。

· 第三方配送联盟助阵，补足运力缺口。加速配送方的模式改革，单方面的独立配送团队势必不能满足，因此联动城市内部运力团队，例如美团、饿了么、点我达等运力团队，中心化运力资源，同时合理化调度运力缺口区域，最大化运力资源 ROI。

第 4 章

借力智慧零售工具：多触点连接运营

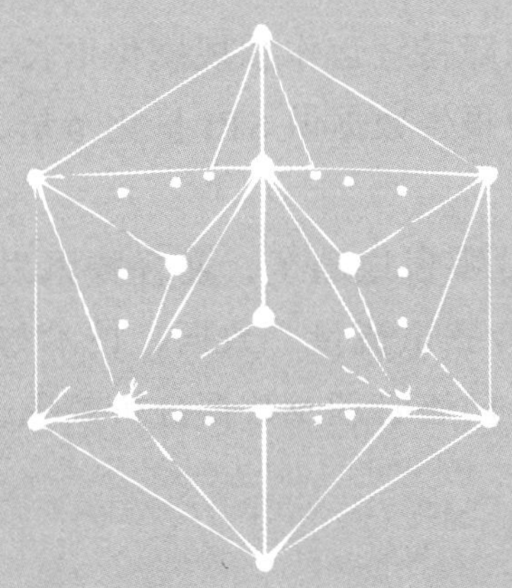

一、赋能传统零售，实现数字化转型

智慧零售的概念并不稀奇，各大零售巨头 / 电商的智能零售概念有差异也有共性，但明确的是，所有的智慧零售概念的共同点是：线上线下双应用场景，运用智能技术提高整体业务运营效率。

腾讯提出“通触点、通绩效、通数据”三通计划，帮助传统零售企业逐步明确数字化转型路径，明确组织架构及管理的调整方向。

“通触点”，以全触点管理，盘活全渠道流量，实现生意的快速增长。无论线上线下，各个流量场景的联动管理，大到线下门店，小到微信内小程序的 N 个触点入口，刺激流量转化。

“通绩效”，为沉淀用户数字资产，融合腾讯与商户数据能力实现精细化运营。所有线上线下的用户数据，通过各种触达形式形成大数据资产，打通和零售企业本身的数据系统，实现互通式精细化运营。

“通数据”，以 KPI 调整组织架构，保障持续运作和规模化增长。有了双向互通的数据后，需要针对每一项报告数据做 KPI 量化考量，可持续化的增长模型应运而生。

业务初期，我们有幸搭上了腾讯智慧零售这趟车，迎合腾讯发力 B 端开始建立产业互联网的方向，融合腾讯流量、数据、技术与生态优势，帮助线下零售业态提升营销、门店管理及数据分析效率，助力零售回归商业本质。

（一）大数据模型共享，赋能线下获客拉新

基于微信的用户活跃数据，我们可以获得线下获客的最佳推广位置和发力点。通过 LBS 大数据洞察周边商圈和社区，描绘人流趋势与客群画像，无论是为门店选址还是为线下营销获客，都可以提供强有力的数据指导，如图 4-1 所示。

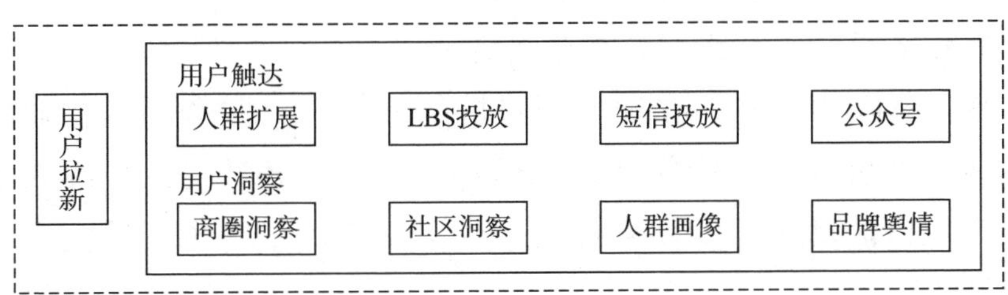

图 4-1　用户拉新

1. 用户信息洞察，抓取有效用户包

在线下首次做拉新获客前，利用智慧零售 LBS 数据报告，分析基于门店 3 公里范围商圈内小区分布、小区用户分布、用户基础信息、商圈内竞争对手分布等，挑选门店范围内的 3~5 个点进行投放，小区标准在于用户密度高，平均年龄 30~45 岁（按平台商品品类结构和线上用户画像推导），用户网络化黏性高（微信活跃度），消费层次属中档偏下，周边竞争对手稀疏；CBD 标准在于用户密度高，平均年龄符合 20~35 岁的女性偏多，消费层次属中档，周边竞争对少，网购频繁。

2. 商业化环境洞察，为线下地推获客提供选址依据

周边商业化环境同样是在这一阶段需要我们分析的细节，商业化环境包含同行业竞争对手、不同行业的 O2O、生活消费品类商贩分布等。在业务初期，我们尽可能避开影响最大的同行业竞争对手，先着力薄弱区，通过无干扰的商业环境充分测试获客模型的有效性，等模式成熟并异军突起。

3. 自我品牌舆情洞察，考量品牌在商圈内的渗透率

自我品牌舆情考量的是自家平台在商圈内的覆盖和口碑，作为零售巨头，这一点自然不用太多顾虑，将精力侧重市场部的地面推广和线上推广，引导用户的关注，确保用户购物的全流程体验口碑。通常会和门店、线下小区用户走访5~10个小区，提供有奖问卷，并输出问卷报告分析获得品牌舆情数据。

4. 社区洞察，为线下获客最终定址

走访小区的同时，在确定用户层的前提下，联动小区物业集团获得地推许可证明，确保持续化运作；小区获客环境的标准在于监测小区人口流动率，我们会提前驻点上午或下午在现场监测人口流动最大的区域。

（二）线下获客模型建立，线上精细化触达

· 用户触达：获取更多的线下精准用户包，线下门店的用户在经营成熟后基本趋于稳定，除非周围建筑大规模调整。一个中档规模门店的日均用户在5000人左右，人群扩展的需求越发明显，接下来需要通过线上高转化的触达形式+有效的用户包进行投放。

· LBS广告投放：基于门店3公里有效商圈，投放品牌化LBS广告，并且锁包投放，锁定用户画像、购物属性等信息的有效用户包。

· 短信投放：CMS短信的投放核心在于用户召回和复购，触发已经有过下单行为并记录手机号的用户群体，按品类行为、购物频次、购物客单进行圈层区分投放。

· 公众号投放：公众号后台的功能相对局限，需要第三方CRM管理工具，可以精准区分用户属性、用户地区，同样抓取需求用户进行投放。

· 面对面发券：面对面发券也是我们拓展线下转化的一个强有力的工具，工具本身同样是基于LBS定位圈用户。我们配置好门店3公里的需求用户包，并在用户包投放不同力度和品类的优惠券。设置完成后，该部分用户使用微信支付后的结果页都会弹出这张优惠

券，并一键领取到微信卡包，引导下次核销。

（三）营销转化能力赋能线下到店业务场景

1. 线下到店用户购物流程及逛店动线

线下用户到店后，我们只能通过用户的收银台结账记录来作为门店的运营指标，数据单一且无法深入分析，智慧零售的加入，基于智能化设备安装和大数据分析能力，有效记录用户从进店、逛店到商品区域停留的时长，确保用户从进店到离店的整体行为路径可数据化。

线下货架堆头美陈的效果同样能被监测，通过商场的用户热力图，分析用户集中停留的区域和时长，周期性测试门店的最佳美陈区域和最佳展示方式。

2. 线下到店用户支付流程联动，扫码购的大面积应用

扫码购是腾讯智慧零售对于各大商超 KA 的一个重磅武器，天虹、华润、永辉、沃尔玛、家乐福、步步高等在新零售转型的同时门店纷纷加入扫码购的行列，该解决方案整合了小程序与微信支付，客户可避免排队结账，提高了高峰时段的交易效率。

对于用户体验层面，给大家举个场景案例，用户在商店货架选购商品时，随时拿出手机扫描商品的二维码，扫出来之后可以直接到支付结算页面，免去排队的困扰；若该商品有对应的优惠券，用户一键领取，领取的优惠券会直接放入微信卡包便于结算，优惠券（复购券、品类券、品牌券）的设置可由商家自行调配，领取完后，顾客可直接买单支付，优惠券将自动核销，会员顾客还可同步会员积分。顾客只需“扫一扫 + 微信支付”，优惠券、积分、买单即可同步完成。

更多开放性功能，扫码购同样支持和逐渐拓展，比如扫描商品后品类推荐、关联商品推荐、关联促销推荐、关注后比价查价等，基本确保用户在线下逛店的场景还原线上电商购物的便利性。

在商家运营效率层面，运营手段更丰富，我们可以自由设置商品促销、优惠券、捆绑销售政策等，让用户单次购物和多次复购都能得到很好的转化；直接减少了门店的收银成本，收银员人力是一个成本，结账机也是一个成本，超市无法负载承担。扫码购在节约成本的前提下正好可以提高收银区的结账效率，提高人流流通效率。

给大家分享一些行业内公开的扫码购数据，步步高 4 天新增注册用户 1.1 万人，首月注册用户近 10 万,一周内门店微信支付占比达 62%，平均每天有 12% 的人成为步步高的新会员，新会员的转化率为以往的 10 倍，小程序内的交易额占到门店总交易额的 25%。

3. 智慧零售工具箱逐一下线落地，更智能更有效

家乐福门店智能化硬件设备在国内的应用应该是最广泛的，线上小程序商城、微信支付、腾讯优图、扫码购、人脸支付、腾讯视频 IP 互动引流等全链路商业价值，帮助家乐福打造名副其实的智慧零售旗舰店。

自助收银下的人脸支付，人脸支付大战也得益于各大零售巨头的转型，从支付宝到微信争相推出人脸支付，当然受益的还是广大用户。用户在门店结账环节可进入自助收银区进行人脸支付，免去了传统结账的困扰。

值得关注的是，腾讯将一些泛娱乐的因素应用到线下商超，家乐福智慧零售旗舰店融入了《创造 101》《斗罗大陆》《拜托了冰箱》等知名 IP，又借助自家合作品牌直接在门店落地，搭建商品堆头，引导销售。

号称游戏王国的腾讯，连游戏也搬进来，2019 年末推出的“一起来捉妖”在家乐福门店的下线，可谓一炮而红。游戏玩法沿用火热一时的 pokemongo，用户在任意地方开启 LBS 定位，利用手机扫描周围环境即可获得能量球，兑换奖品打榜。“一起来捉妖”与 pokemongo 的异曲同工之处在于搭上购物场景，用户走进门店，打开游戏，扫描周围二维码即可获得购物优惠券，直接放进微信卡包，便于核销，这既是个小突破也是个小创新。

二、建立多触点运营体系，丰富线上流量来源

多触点运营是我们在腾讯智慧零售连接方向和企业内容战略化方向明确后统一的产物，从概念到方向再到执行。

（一）线下用户多触点数字化

作为零售企业线下夯实的用户基数是发力的第一步，在满足线下用户购物体验便利性的同时，又能数字化所有用户数据，二次应用到线上，如图 4-2 所示。

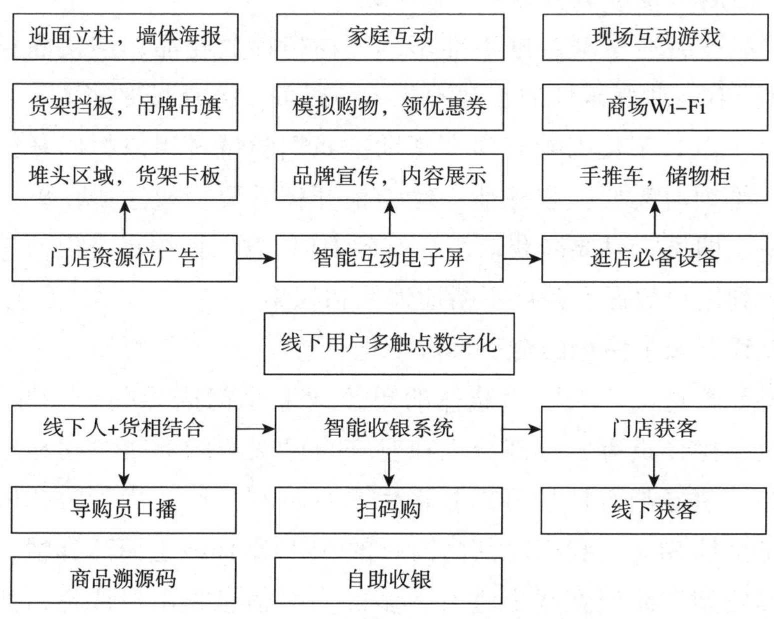

图 4-2　线下用户多触点数字化

1. 线下逛店资源位广告全量覆盖用户路径

在进店口、堆头区域、货架卡板、货架挡板、吊牌吊旗、迎面立柱、墙体海报、门店彩页、门店出口等用户必经之处增加线上二维码广告 + 线上促销利益点，引导用户扫描二维码，使用扫码购和线上购物平台，进行线上注册下单转化。

2. 智能互动电子屏核心区域覆盖

零售电子屏的加入，除包括商品内容展示、品牌宣传、购物指南等基础功能外，还把线上业务的购物路径直接模拟到电子屏内，用户可直接在店内的电子屏上进行线上购物；优惠券的领取也是常见的应用场景，用户在逛到母婴区时，母婴区的电子屏内会展示母婴品类的优惠券，用户扫描领取到微信卡包内；轻互动也是一个彩蛋功能，家庭团体进入超市，在电子屏进行简单的互动小游戏，增强用户的黏性。以上用户操作的前提是需要注册线上 ID，或者关注品牌公众号。

3. 逛店必备设备引导用户数字化

用户进店通常都会推手推车，储物柜存放物品，连接商场 Wi-Fi，甚至有一些娱乐性的互动游戏（扫码关注公众号摇奖）等。这个路径对于做数字化引导有很大帮助，我们尝试过用户扫码开锁推手推车，解锁时需要授权注册；储物柜开柜需要授权注册，单个用户注册一次即可，只要能获取用户有效 ID 信息，该用户身份信息就会被记录到用户数据库并被不断地训练和积累。

4. 线下人 + 货相结合引导数字化

线下商超以“人”为载体的单位无非是门店导购员、拣货员、收银员、操作员等，这部分人在坚守自己岗位的同时主动和用户进行宣导，引导扫码授权可以获得优惠券福利；以“货”为载体的单位就是全场 SKU，我们对部门高频的 SKU 制作线上商品详情，用户可扫描货架二维码在线上查看更多的商品信息、用户评论，甚至溯源信息。

（二）线上用户微信环境内的多触点运营

到家业务的落地是基于小程序环境，小程序作为微信战略 B 端的业务之一，流量入口足够丰富。既有入口，也会有不一样的运营方式。

微信平台有一部分流量开放入口，这部分入口同样需要我们进行精细化差异运营，特别是项目初期或没有线下获客流量池时期，微信的原有流量入口自然成为核心阵地。平台入口包含任务栏“最近使用”“我的小程序”，发现页一级入口、安卓桌面入口、小程序相互跳转、客服消息等。

1. 微信平台任务栏入口技巧

项目初期，50% 的流量来自用户自然下拉，即任务栏“我的小程序”，这个入口是目前微信环境下最便捷且对于老用户最容易产生复购的入口。因此，在用户首次进入小程序后，页面右上角会提示用户添加收藏，或者添加到桌面，并且截图反馈给我们，可获得一张 5 元券。这个引导小技巧对整体的平台留存有很大的助力作用。

2. 微信平台小程序矩阵互跳

小程序矩阵互跳的运营相对粗暴，前提是需要抓取更多合适的小程序矩阵，确保用户在购物过程中体验顺畅并在预期内。除了有“扫码购”“找找货”等小程序，外部还有 KOL 小程序采买，会在小程序内嵌入平台跳转路径，引导外部精准用户画像的流量导入。

3. 微信平台小程序客服消息

客服消息的运营可深可浅，取决于售后服务的管理。售后服务一定是电商的核心环节之一。在项目前期，客服消息是接入小程序自有功能，相对简易，用户咨询问题，后台可发送小程序页卡和相关的问题反馈，功能单一不太适用；中期开始开发客服消息系统，模拟纯电商客服环境，用户输入关键词即可调配相关答案和小程序页卡自定义回复。

4. 微信附近的小程序和附近的人

附近的小程序和附近的人都是基于 LBS 展示的广告，对于 O2O 的 3 公里区域限制，自然是比较好的原生流量，附近的小程序在后台直接配置全国所有门店、位置、电话、类目信息等，确保信息足够丰富和完整。附近的小程序偏商业化，附近的人更偏营销，我们的店员、雇用的微信群团长 / 促销员都可以主动发起附近的人的邀请，通过好友申请即送 5 元优惠券等，再把用户拉到微信群进行私域流量培养。

5. 主动分享和被动分享做精细化运营

分享的有效性一定来源于用户“主动触达”，而非“被动传播”，让用户与用户之间形成自发式传播才算有效的营销。我们在做分享环节时，大面积应用微信群和朋友圈，也就是私域流量运营。每个门店建立 10~20 个微信群和 1 个门店小助手，这个小助手在获客时，会加大量的用户到通讯录（上限 5000 人），小助手的朋友圈资源是一个非常大的资源阵地。

微信群扩大，分享的机制和玩法非常丰富，我们在微信群做过社交立减金、信息踩楼、摇骰子等互动玩法，目的都是活跃微信群聊、提高转化率，前提都是用户主动式分享和传播。社群的流量来源基本是最大的，占据 50% 以上。

6. 公众号触点运营

公众号，腾讯开放的功能非常丰富，和小程序的联动形式也多。公众号和小程序最直接的联动形式包括 Profile、自定义菜单、模板消息、图文推送、自定义回复，这些都可以预设置。这些都是比较基础的功能，按照不同的形式进行不同的推送。做公众号推送的时候，会采取“伪造活动页面”的形式，整个推文就是一张全图，这张图会模拟平台的活动页面，里面埋商品路径，用户单击跳转至商品详情页。

公众号模板消息也是常用的营销触发方式，结合小程序模板消息，可以很好地对用户进行召回和唤醒；模板消息功能开放后，大批 KA 商户滥用导致用户被骚扰，所以微信在大力压制模板消息形式和频次。我们使用最多的公众号模板消息是活动预约，用户在小程序前端预约某个活动，公众号定时下发一个回流消息，用户一键直达活动页面。

小程序模板消息相对丰富，用户购物的支付行为、优惠券未使用过期提醒、拼团成功行为、抓包推送，基本都可以满足。只是在使用环节，我们尽量减少用户主动骚扰，保留必经流程。

7. 微信支付卡包

支付卡包在微信环境内作为支付的一个重要环节，同样在新零售业务中起到重要作用；用户从逛店开始，进入平台首页，领取优惠券，优惠券自动放入微信卡包。选好商品加入购物车后，支付自动核销该优惠券，也可以直接从卡包入口进入优惠券详情直达平台核销。

会员卡功能也是一个亮点，用户可在线下商户扫码关注公众号，注册申请会员卡，关联实体会员卡号，直接将线下实体卡功能移至线上，便于记录用户积分、微信支付、会员卡详细信息、小程序跳转、公众号跳转等。

8. 商业广告流量运营

微信平台广告通常特指朋友圈广告，向微信平台申请采买进行自助投放，朋友圈广告有竞价和排期两种形式。

排期购买的特点是提前 1~28 天锁定曝光量，同时提前冻结账户里预订排期的账户金额，这是一种保价、保量的合约购买方式。通过排期购买的朋友圈图文广告，单次投放的最低预算为 5 万元，曝光单价由广告投放地域决定。投放地域目前分成三档：核心城市、重点城市和普通城市。

竞价购买方式适合需要灵活调整广告设置、不断优化广告投放效果的广告主。确定投放人群及日预算后，广告主可以对广告曝光进行出价，通过实时竞价的方式与其他广告主竞争，从而获取广告曝光。朋友圈本地推广广告仅支持竞价购买。朋友圈广告的投放，我们尝试过和品牌商合作投放，对于品牌曝光有一定的拉升作用，转化弱很多，所以不建议以转化为导向投放朋友圈广告。回归线下，以线下门店和用户基础做广告投放，对于拉新和转化都有更直观的提升。

业务的发展往后推移，业务的细节会越发有深度，多触点运营方案无论在线上还是线下，我们能做的还有很多，现在做的还很少，正如智慧零售的连接方向，需要不断改变和挖掘用户消费场景，做细节的创新和突破。

三、智慧门店：极致的用户体验与运营效率

传统零售门店的发展瓶颈在过去几年快速消耗存量用户，增量用户尤为困难；移动支付 / 移动互联网变革却如日中天，科技化的应用及数字化的营销在线下的渗透规模越发刚需。

新中产阶级用户群体逐渐成为社会的中流砥柱。用户画像基本为 80 后、90 后，他们接受过高等教育，追求自我提升。相较价格，他们更在意质量及相应的性价比，对于高质量的商品和服务，他们愿意为之付出更高的代价。

（一）第一个前提：提供极致体验

零售的本质是服务顾客，给用户创造最佳的消费体验。在过去几年内，移动互联网的发展让用户的线下购物时间逐渐碎片化，店内用户的留存时长也大幅度减少。线下竞争的白热化已经不再是价格层面的优惠，而是集价格、商品、服务、体验于一体的综合对比。

· 场景化购物体验：通过客流走访分析，周日在商场有 35% 左右的用户往往没有明确的购物品类，也非意向品牌导向，一家人走进商场享受亲子互动、家庭休闲互动类的场景化体验。

· 快餐式购物体验：40% 的客流具备明确的购物需求，走进商场，会很明确且坚定地走到意向品类货架前，开始进行有关商品价格、生产日期、品牌、促销等维度的思想斗争。一番思想大战后，还要排队结账。

· 引导式购物体验：25% 的客流具备意向但不明确，走进商场需

要导购员的引导并找到一个对他而言有足够诱惑的商品才能产生交易。这部分用户具备强烈的开放的接纳心态，精准化的触达和引导价值凸显更有利。

· 离店后的闭环体验：未来的门店一定不会受到空间、时间甚至操作方式的局限。我们希望未来的门店一定可以让消费者随时随地、随心所欲地购买想要的商品，并且购买过程一定充满“爽点”。

（二）第二个前提：提升导购效率

如果说零售的本质是服务顾客，那么新零售的本质是在服务顾客的基础上做导购效率的提升。开源节流、自负盈亏是零售行业转型的必要前提。做到极致的商业效率满足用户的极致体验，这个生意才有可能持续。

· 消费者资产：通常大部分线下实体商场都不能很好地分析并触达消费者，很多导购策略显得很被动。构建品牌会员体系，搭建 CRM 用户旅程，会员关系必须全部数字化，并且和门店导购、服务设施、自助设备深度结合，输出个性化权益和网格化运营。

· 结构化效能管理：与导购效率的提升关系最密切的是效能。一个商城的成交转化最终盈利多少都取决于效能。坪效的极致应用，门店的逛店动线、商品货架布局、商品结构优化；人效的极致应用，岗位编制合理编排、奖惩激励、目标值驱动；成本的数字化管理，建立可视化立体的成本管理模型，并且具备可追踪、可量化的过程指标。

· 数字能力升级：数字化商品销售能力，让货架的陈列和商品的库存深度变得科学又有根据；数字化服务能力升级，提升用户线上自助化服务、在线溯源、线上支付、线上获取商品信息的能力。

（三）智慧门店：体验 + 互动 + 数字一体化

清楚了智慧门店的两个大前提后，我们可以尝试用总结的切入点进行串联。重点将商超打造成一个体验 + 互动 + 数字一体化的应用场景，如图 4-3 所示。

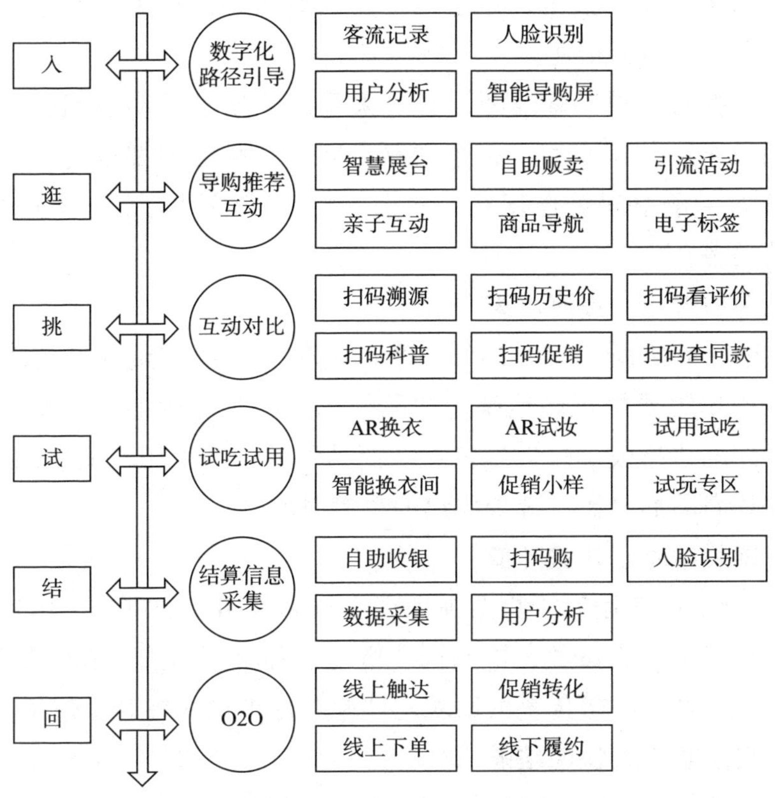

图 4-3　体验 + 互动 + 数字一体化的应用场景

1. 店外引流，分析顾客

引流吸客是所有交易产生的第一步。传统线下的购物行为属于典型的“人找货”形态，用户带着需求或者带着隐形需求在商场内找到商品并成交；而智慧零售需要的变革是不断把“人找货”的购物形态转换为“货找人”。“货找人”的本质是精准地把商品触达给需要的人。门店通过传感器设备记录并保存顾客信息，结合导购屏的智能推荐，提高用户交易转化率。

2. 店内留存，场景应用

线下营业面积超过 5000 平方米的商超，核心功能不只是商品货架陈列，而是一个集商品、服务、娱乐、自助化设备于一体的综合体。增加用户在商场内的停留时长和互动环节，对交易有可能产生变化。利用物联网技术，记录用户每次逛店的路径和品类偏好，优化线下布局及线下推送。

更智能的主题探索空间，通过人群区分亲子活动空间、情侣活动空间及家庭休闲空间，每个主题空间的货品陈列都按对应人群区分。例如亲子空间首选玩具、图书品类，情侣活动空间首选休食、美妆品类等。

3. 购物转化，提高决策

挑选商品之所以容易纠结，是因为信息不够完整或者需求不够明确，商场需要尽可能地整合商品信息。更智能的电子标签，快速展示近期的价格波动、促销信息、商品溯源、线上用户的使用体验，甚至同款商品的对比，减少用户的决策时间。

4. 试用试吃，体验升值

AR 产业的应用对于打造虚拟现实有非常明显的进步，用户在商场内进行虚拟试衣试妆，快速选装搭配，并根据所选上衣匹配鞋裤、包包甚至口红。相较传统的试衣间体验，虚拟试衣提升了效率。

5. 自助收银，快速结账

线下商超基本覆盖自助收银设备和扫码购，从手机支付逐渐发展为人脸支付，购物越来越便捷，可数字化的行为也越来越多。CRM 的整合将对线下用户进行生命周期管理和用户旅程管理，提高线下用户的转化和复购，同时其数据又能够反哺线上，为线上运营提供足够的数据支撑。

6. 到家下单，线下配送

离店是逛商超的最后一步，也是线上到家业务的第一步。这一步的背后积累了用户在逛店时所有的行为轨迹和商品轨迹，可以被模块化在线上平台体现。

例如很多新用户首次进入平台时，猜你喜欢模块内的商品都是用户近期在线下购买过的牛奶、蔬菜。维度很广，包括但不限于商品偏好、客单偏好、促销偏好、购物频次，都可以从线下分析暴露在线上平台。这也是 O2O 的核心本质之一，连接线上线下购物体验。

（四）做连接，做工具，做生态

腾讯智慧零售的定位只专注做三件事：做连接、做工具和做生态。同时，马化腾也曾多次公开表示强调：有所为有所不为，腾讯不会“过界”。不会抢线下已有的份额，只会做外面薄弱的那一层，而这一层正是连接的关键层。

步步高的智慧门店之旅：智慧零售模式将所有流程都以即买即用即走为核心目标，这将免去顾客排队场景、等待服务场景和选择犹豫场景，让到店顾客拥有更好的体验、更好的服务、更好的接触、更多的触达。在步步高梅溪新天地 B1 层超市，随处可见小程序二维码，该小程序集扫码购、微信支付、会员卡、优惠券等功能于一身。

同时，步步高希望通过对顾客会员的数字化，重新构建门店和消费者的连接，形成一个新的关系。后台可以根据用户画像和推荐算法向会员推荐优惠券和商品，实现对到店顾客的分类管理、商品推荐，对消费者进行千人千面的精准营销。

华润、永辉、家乐福陆续接入，打造智慧门店 1.0，智慧支付 + 会员数字化 +O2O 购物配送 + 店内精准导航四大工具似乎已经成为智慧门店的标配。智慧门店主要通过技术、算法和流量赋能实体店，实现实体店到线上虚拟店的双重价值。

第 5 章
不能丢的线下场景：门店效率提升

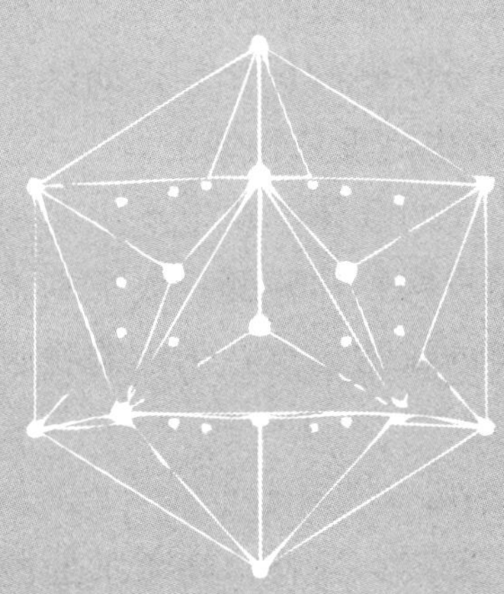

一、新零售源于线下，也立足于线下

我们走访门店，倾听用户的声音，关于疫情期间的生活状态、民生品的供给状态，以及用户家人的平安关怀。

“到家程序太方便了，疫情期间，我们全家都被隔离在小区，没办法出门，女儿教我用到家程序，不到 1 个小时，就有人送到小区门口。”——来自商场门店 60 多岁的老奶奶

“我每天晚上 6 点下班，坐班车回家，也没时间买菜，自从用了到家小程序，每天 5 点半下单，刚好 6 点半商品能送到家。”——来自正在选购商品的 30 多岁的年轻妈妈

“周末超市人多，买点东西，用扫码购不用排队就可以支付，刚买的冰淇淋也不会融化了。”——来自正在准备出门的 20 多岁学生

我们走访并细心聆听，有正面的反馈，也有负面的回复，这都是真实的用户声音，都是我们在体验方面需要做的优化。正如这次采访的初衷，新零售源于线下，业务的发展也高度依赖线下。

新零售的业务主体是线上和线下两个大的载体。线上承担前端用户从选购到下单的全黄金流程，重在用户购物体验侧；线下则承担后端用户订单从拣货到配送到家的全履约流程，重在用户购物服务侧。新零售线下闭环服务体验有如下几点：

1. 店仓一体化 + 前置仓，开源节流提效率

作为前置仓新零售的每日优鲜、叮咚买菜、朴朴，高要求的配

送管理能力和强促销推广能力使得零售商在设仓的前提下，不得不考虑核心成本。前置仓模式能否实现盈利，日均订单密度和客单价非常关键，没有足够的 GMV 输入无法实现前置仓的高坪效和员工人效。

店仓一体化模式，是本身拥有强大的线下实体门店巨头通用的玩法，永辉、大润发、天虹都是典型店仓一体的代表。利用基础化的种子用户群体、成熟化运转的门店协同能力、丰富的门店 SKU 和库存，都能有效保证人效和坪效的高 ROI 输出。模式的主体是门店本身，辐射的范围有限，很难高密度覆盖多区域。

“店仓一体化 + 前置仓”组合打法，是我们到家业务在摸索半年后得到的合理运作模式。合理化运用店仓一体优势，通过门店基础资源搭建新零售从推广到履约的核心主流程。低成本高密度的前置仓建立，以前置仓作为子店，门店作为母店，母店为子店供货，子店为高密度用户配送。成本可控，覆盖面也更广。

2. 一店配全城，有效提升前店后仓效能

一店配全城，顾名思义，以单个门店作为母店，用户在前端下单实现全城市区域范围覆盖，不再局限于 3 公里范围。对于销售而言，该模式有效规避了 3 公里小范围内的拉新瓶颈和销售瓶颈，可实现更大范围的用户群体的商品交付。对于母店效率而言，订单密度加大，员工人效和拣货仓坪效同样能提升。

3. 第三方物流 + 配送联盟，中心化运力资源

叮咚买菜、朴朴、盒马鲜生都是典型的自建物流阵地，骑手属于企业员工或者附属企业员工，被管理性更强，用户体验服务品质自然可控，品质相对有保证。对于企业而言，前期的团队体系搭建、庞大的全国范围内团队管理、营运过程中的人效管理等一系列隐性成本是一个很高的门槛。当然，我们始终相信新零售的发展趋势一定离不开稳定而高效的自建物流体系。

第三方物流 + 配送联盟的组合方式，是我们目前的选择。选择成熟专业的物流团队提供稳定的配送服务 + 中心化运力联盟（集结城市内覆盖的美团、点我达、饿了么运力团队），确保在大促或者疫情期间的运力，实现履约时效的有效性和配送质量。介入第三方的合作，可以聚焦在门店员工的人效和仓库的坪效提升。

二、打造高于同行 3~4 倍的拣货仓坪效

衡量门店与门店之间的发展水平，一定不只是现有的销售和利润比。门店的面积利用率、销售规模的大小、用户成交及逛店频次，都会决定门店的整体表现。

"坪效"的概念是门店每平方米每年创造的收入，坪效越高，经营效率就越高，给前端带来的销售增长也越高。

（一）传统零售坪效提升

这里不妨把传统零售坪效的概念公式化，根据坪效的相关因子逐步入手，找到一些合适的切入点来分析。

坪效＝线下年收入 ÷ 单店总面积

1. 固定分母，提高分子

提高线下年收入是最理性也是最直接的解决方案，有足够的营业额支持，坪效输出自然不会低。

（1）调整商品结构，增加复购频率

近期的商品动销率是唯一具备合理化的调整参考。有些品类占用面积太多，但是无论是销售贡献还是吸引客流的贡献都很微弱；有些品类的经营面积明显不足，使得消费者没有得到足够多的商品选择权。因此，需要放弃一些销不动的产品，滞销品撤架或低价抛售，增加畅销商品的品种数和品类中的结构比重。

增加高频商品和优势商品的比重，例如生鲜商品、每日必需品，用户一旦形成购买习惯，短时间内很难改变。用户到店后同样可能

激活隐形购物需求，从而提高销售成交率。

（2）增加品类溢价，优化商品客单

适当调整和增加商品捆绑套餐，如 A+B 组合套餐，关联相同品类，建立套餐促销机制，套餐组合购买优惠于单独购买的价格。增加用户的购物决策，而商品销售客单也能得以提升。

（3）聚焦主推爆款，爆款拉动引流

线下门店和线上平台同理，都会有一些流量集中的区域。例如进出口、逛店必经通道旁的品类货架、堆头展示区域，主力推广地域特色品类、网红热销品类、应季销售品类，更灵活的爆款策略，拉动关联品类及到店客流。

2. 固定分子，降低分母

线下门店面积之所以说降低，并非压缩空间，而是合理优化，充分利用空间，让每一平方米都体现本身的价值。

（1）店内品类布局优化

当我们根据大数据标准做出品类结构优化后，接下来需要对这部分品类进行布局优化。

按销售贡献维度，重点销售贡献的商品一定是多区域露出，扮演不同的功能。例如店内入口处，增强刚进店用户的心理购物欲望；店内上下楼梯夹层，用户在乘坐扶手电梯时随手拿货的动作具备很强的便利性，高动销的商品也提高了上下楼购物的概率。

按品类维度，我们暂且把店内空间划分为店前、店中、店后三个区域。通常高频商品会集中在店前和店后，高频的日百消费品、乳制品放于店前，满足日常高频用户的快速购买决策。

高频的生鲜肉蛋放于店后。首先，生鲜肉类本身需要宰杀或者切片，需要工作台，并且尽可能地减少店内的异味；其次，增加用户从店前逛到店后的路径，逛店路径变长，中途购买的可能性提高。

（2）用户逛店路线优化

对于门店而言，能够让顾客顺畅且不知不觉地在门店中走足够长的路，增加逛店路径是需要考虑的因素。

店内的通道规划需要合理设计，对于大型商超理想的是 V 字形路线通道，用户通过入口进入 V 的第一个顶点，在商场内从前端深入末端，一来一回两趟逛完走到出口。

上下多层的商超通常会采取 W 字形的路线通道规划，且电梯的安排在 W 的顶点，用户需要上下电梯至少走完一趟。这就是人在逛商场时经常被绕晕的原因。

（3）人流密集场景转移

周末高峰期作为线下门店的人流高密集流动周期，增加实体在线化数字设备，引导用户减少密集扎堆，减少不必要的空间浪费。

引导用户扫码自主收银，扫码购自主付款，减少收银区高峰期排队，利用空间摆放更多冲动型消费品，以及客单价较低的爆款商品。

大多数爆款商品货架经常被围堵，高峰期更是如此。增加可交互式电子大屏设备，用户在线查看所有商品的属性信息，了解商品、挑选商品并自助称重。

（二）从成功案例看坪效提升

受移动互联网的购物冲击，传统线下门店的获客成本及场地租金成本逐渐加大，单纯地提升线下坪效或许无法满足现状。

新零售转型的核心很大一部分是通过线上线下的科技化应用，优化交易结构，提高效率，突破“坪效极限”。

这里列举目前行业内成功的模型案例，从案例中总结出核心方法论。

1. 低频转换高频，高频带动低频

商品的使用周期决定用户的购买频率。购买频率越高，复购率就越高，被交易的转化率就越大。低频商品面临的压力比高频商品更严峻。

一部小米手机 3000 元，一年最多更换 2 次，当然属于低频商品。但小米之家的坪效为何能在通信行业做到国内首屈一指的 27 万元/平方米，仅次于苹果的40万元/平方米。

秘诀就在于雷军的低频转换高频，高频带动低频。小米之家现在有20~30个品类、200~300件商品，所有的品类1年更换1次，且每年都会发布多次生态链商品更新和迭代。例如耳机、手环、音箱每年都会变着花样更新。虽然手机本身是低频消费品，但是将所有低频、低客单的附属商品加在一起，逛店和购买次数就变成了高频。

细心的用户不难发现，小米之家的品类都具备很强的整合性。智能音箱、电视、窗帘、扫地机器人等品类，统一以小爱语音助手和米家App作为入口管理，用户的购买连带性非常强烈，这也是高频带动低频。

2. 智慧生态门店，数字化提升效率

传统线下门店基本没有任何数据支撑客流和用户分析，无法从运营的角度提供效率提升方案。智慧门店的核心点在于详细记录客流，分析用户数据和提升门店转化率。

智能设备的增加，客流进店后通过Wi-Fi探针识别用户逛店路径，路径以热力图的形式展示全门店的用户驻留情况、客流峰值变化、区域停留时长、逛店整体动线等信息，这部分数据对于线下门店陈列、品类展示、线下成交转化有很大的提升作用。

人脸识别数字化分析同样是在智慧门店得以应用，5G通信的高速发展，相当于对线下门店移动互联的拓展打开一扇大门。用户进店，通过摄像头捕捉人脸识别，记录并关联已消费的用户，分析用户购物偏好、逛店频次、逛店客单价等数据。

3. 少品种大包装，品类溢价拉升

在店均面积不变的情况下，一旦销售额提高，坪效自然提升。在有限的客流环境下提升销售额的另一个关键因素是“客单价”。

Costco和山姆会员店是典型的案例，走进Costco不难发现所有的品类都是大家庭装的薯片、大袋的大米、大盒装的冰激淋，提高了对每个品类的溢价能力，并给用户巨大的价格优惠，提升了客单价和销售额。

4. 打通线上线下，推进 O2O 零售

线上下单，线下发货，店仓一体化的模式逐渐从快消品行业转移到商超。传统线下门店收入有了线上收入补充后，整体收入大幅提升，在门店面积固定的前提下，坪效得以提升。

打破商超行业的坪效不得不提盒马鲜生。华泰证券的研究报告显示，中国零售卖场的坪效大约是 1.5 万元。而盒马鲜生上海金桥店 2016 年全年营业额约 2.5 亿元，坪效约 5.6 万元，大约是同业的 3.7 倍。

（三）盒马鲜生："吃—转—送"闭环

新零售的行业领头羊盒马鲜生的优势在于充分利用线下门店的空间，展示的功能已经不再是一个普通的商超门店，而是一个具备完整的线上线下闭环服务的核心体。"吃—转—送"三步法重新定义了用户从进店后的消费体验到线上服务体验的全闭环。

用户逛店，产生需求并放大需求——海鲜堂食，新鲜透明，在满足需求的前提下建立充分的品牌信任度和品质感——App 买单，注册线上 ID，轻松把用户从线下往线上引流，便于分析用户并精准推荐——到家在线下单，离店到家后线上下单，门店拣货半小时内配送到家。

1. 把线下门店打造成巨大的前置仓

店仓一体化对比纯前置仓的好处在于拥有天然的空间优势，具备成熟的仓储管理经验、丰富的 SKU、稳定的门店操作流程及默契的门店人员协同能力。

（1）仓内品类布局

店均 10000 平方米的商超，独立划分 500~1000 平方米空间独立作为线上前置仓。根据线上 SKU 结构合理化布局前置仓的品类陈列，品类陈列并非一成不变。顾客在各品类中的消费比重是会随季节、节日、气候变化，甚至消费时尚的变迁而变化，门店的各品类布局只有有效地迎合这种变化，才能实现品类空间利用最大化。

（2）拣货路径优化

仓内最理想的路线是拣货员从入口到出口，一趟拣完，并且不会有太多的折返，也就是我们常说的 U 形或者 S 形理性路线。这里描述的路线和上述的 V 形或者 W 形刚好相反，V 形和 W 形是尽可能增加逛店路线，提高成交率，而 U 形或者 S 形是尽可能减少拣货路线，快、准、狠地拿到目标货品，减少履约时效。

每个门店的仓内通道入口和大小各有所异，要保证完全统一基本不可能，因此需要因地制宜地合理设计，增加便捷通道来缩短取货路线，避免 H 形、E 形的复杂多折返，提高拣货效率。

（3）拣货设备应用

取货设备的应用在很大程度上缩短取货时间。商品从仓库被分配到拣货仓内的货架，再从货架被正确地分拣到拣货员的拣货车内。每个环节都需要智能手持终端记录并保留对应的货架号，拣货员手持终端接收订单任务，并直观地显示商品对应的货架号及仓内最优的拣货路线，应做到一目了然、快速直达。在提高效率的同时，不断改进和创新拣货设备。

例如指环扫描器、播报货架号和拣货路线的蓝牙耳机等科技产品，都能不同程度地缩短拣货时间。

2. 把线下门店打造成巨大的数字流量池

店仓一体化的另一个天然优势就是有足够忠诚的用户群体。我们的核心目的就是通过线下所有可产生交互行为的环节增加控制点，让其倒流到线上，扩展线上流量池。有了足够的忠诚用户后，为打造线上新零售提供良好的用户群体。

3. 把线下门店后仓打造成高度一体化的中转站

店仓一体化的核心在于“仓”的设计，后仓不仅仅用于拣货员快速高效地拣到订单商品，更重要的功能是满足配送过程中的中转交接。打造从拣货到交接的一体化工作中转站。

· 履约系统的交互：用户在新零售前端进行下单，订单数据经过中台推送到仓内履约系统和拣货员的手持终端，拣货员根据手持终端开始操作拣货，拣货完成打包存放，订单再次推送到末端骑手 App，骑手接单并交接取货，最终完成配送，订单结束。

· 人员职责的划分：后仓需要做到一体化作业，人员工作职责设定必须完善。拣货作业包含几个必需岗位人员——拣货员、打包员、控场员及交接员；配送作业的核心岗位人员就是骑手，对于大促或者高峰期会加强运力管理进行灵活调配。

· 作业设备的到位：后仓大面积地需要承担商品货架摆放的功能，类似于一个小型的商场门店。因此，关联商品的设备必不可缺，例如标准货架组、冷柜、操作台、打包台、交接台、骑手端取货货架、交通设备等。

市场竞争激烈是逐渐形成的，从面到点，都决定了发展水平的高低。善于观察线下门店的用户购物行为、轨迹、细节，从用户的需求本身出发，合理放大和利用，才能有效提升用户购物质量及门店运营效率。

三、用科技提升线下拣货人效

如何用最少的人在最短的时间内履约订单，满足拣货、打包及配送的时效和质量要求，这个过程就是“人效提升”。

人效不同于坪效，坪效的提升集中在门店或者前置仓的面积利用率，而人效考量员工的贡献价值。人效会有业务属性流程的差异，考核计算维度也不一样。

（一）基础人效考核维度

新零售的员工职能不同于传统行业，规范操作流程在于前置仓内的拣货、打包及配送。前端用户创建订单后，拣货员需要完成商品分拣，打包员需要完成商品清点和打包，到最后一步配送，每个环节都有考核逻辑。通常我们会从几个维度来计算：

人均产值 EOV（Employee output value）= 月销售额 / 员工人数

销售成本管理 CTS（Cost to sales）= 员工成本 / 月销售额

员工生产力 OTH（Orders to hours）= 总完成单量数 / 员工工时

员工满意度 ESS（Employee satisfaction survey）= 月总投诉量 / A 员工的月投诉量

（二）人效提升解决方案

我们不妨以时间轴形式展现，A 轴串联了所有以效率为导向的环节节点，恰好体现了以上核算人效维度的几个关键因子；B 轴串联了所有以管理为导向的环节节点，通过优秀的管理机制确保员工的留存。人效提升解决方案，如图 5–1 所示。

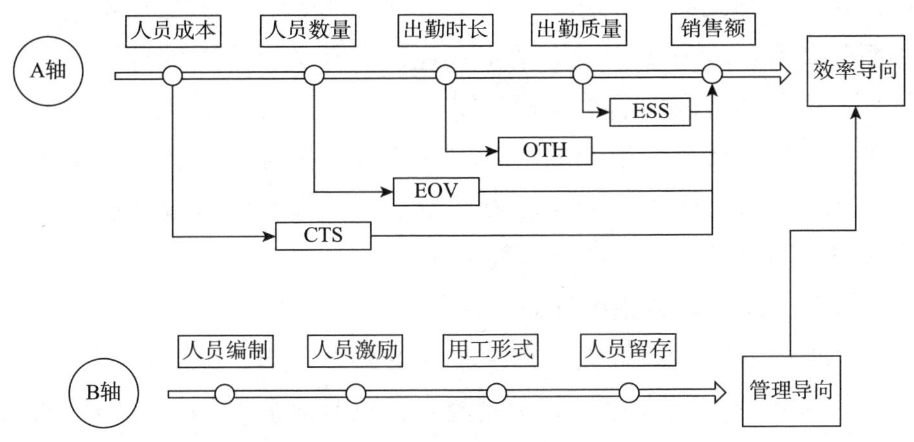

图 5–1　人效提升解决方案

而 A 轴和 B 轴的关系又刚好相互反哺，以 B 轴为基础，做好了员工管理，A 轴的效率自然不会低；A 轴的效率输出高，B 轴的员工管理规范也显而易见。

1. 因岗设编，灵活用工，合理整合

岗位编制的设置需要业务流程的确定，根据流程设置岗位，根据岗位设置用工形式。全职 + 兼职、长期 + 短期、专送 + 众包灵活搭配，管理核心员工留存，控制非核心员工成本投入。

· 全职 + 兼职搭配：对于店仓一体化或者前置仓的业态而言，岗位设置仓内主管、仓内控场、补货员、拣货员、打包员及交接员，缺一不可。主管、控场、补货三个工种都需要管理性思维，把控仓内的运转及利润损耗，需要设置全职且核心培养。拣货、打包、交接固然重要，作为仓内基础人员需要的数量也会更多，考虑兼职人员，典型的劳动密集型工作投入，成本同样可控。

· 长期 + 短期合作：新零售的业务形态和传统零售的差别就在于高峰和平峰特别明显。往往在工作日日均订单 2000 单，单周末或者小促销日能冲刺到5000单。对于这种差异化业务明显的行业，长期+短期的人员录用，在拣货、打包、配送这类工种中相对适用。

· 专送+众包搭配：同城配物流配送的站队从早期的众包模式发展到商户定制化的“专送”。而市场的发展和用户的服务质量竞争也不断从“专送”发展到“专送+众包”。“专送骑手”配送服务质量优良，用户体验高，成本也相对较高。“众包骑手”的配送服务质量属中档，用户体验一般，成本也相对低廉。仓内通常维持80%专送骑手+20%众包骑手，确保服务质量的同时适当控制成本；20%的众包对于高峰期的运力补足也很必要。

2. 奖惩激励，自主提升效率意识

员工激励是团队管理中比重最大的一个环节，人员的留存、离职率及幸福感主要来源于激励措施。无论是物质激励还是精神激励都需要相互结合，建立健康的竞争氛围和发展通道，培养员工自身效率的提升意识，如图5–2所示。

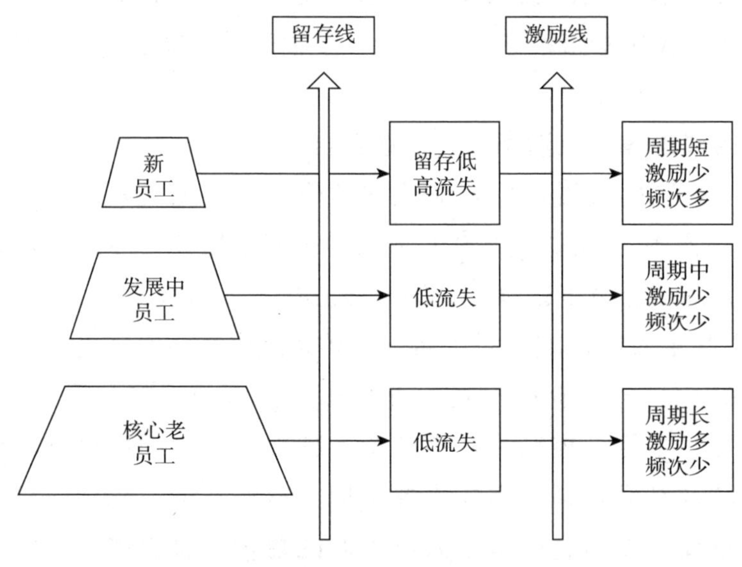

图5–2　员工激励

· 短/中/长期目标法则：短期的目的为新员工培养，中期的目的为核心员工的业务提升，长期的目的为老员工的留存。三档激励措施的设置通常需要以员工工作生命周期来考量。我们先假设前置仓拣货员通常在职的生命周期为 2 年，不妨定义奖励周期为月度（1 个月）短期，季度（3 个月）中期，年度（12 个月）长期 + 连续 2 年额外奖励。

· 同岗位赛马激励：末位淘汰同组赛马的话题永恒存在。在相互竞争的环境内，规则透明、制度合理、公平发展是维持业务的发展基础措施。拣货仓同样适用，重点考虑两种形式：第一种形式基础且粗暴，在固定周期内率先达到目标值或者对业务度最高者给予激励；第二种形式主要培养潜力员工，在固定周期内，横向对比从起点到终点的增速比，以增速比的多少作为激励的标准。

· 阶梯产能提升激励：产能是一个结果指标，也是过程指标。业务发展初期，产能需要通过不同规模的仓店、不同时间、不同用工形式，A&B Test 测试尝试拿到一个最优解。例如 20 个全职专送骑手在周末的产能人效是 800，平均每个人每天可以达到 40 单的高质配送，则 40 单作为第一个可参考的阶梯应用在全职骑手的 KPI。几个月后，业务初具规模，细化头部骑手的产能提升，对大于 40 人效的骑手计算均值，该均值作为第二阶梯的产能目标并作为老骑手的发展 KPI，以此类推，用激励提升阶梯产能。

3. 流程规范，从节点上设置目标值

· 新零售的流程规范从根源上决定了效率提升，最优的效率一定具备颗粒度很细的业务规则。把每个细小的颗粒度作为节点进行控制和调教，并通过在不同场景反复进行测试，最终拿到的效率值一定无限接近最优解。

例如用户从前端下单，订单通过业务中台推送到线下履约系统，拣货员收到该订单任务后就要拣货、打包、交接任务，直到最后一公里的配送，整个过程都需要在 1 小时内完成。需要按 1 小时的时间轴把整个节点拆开，所有的节点都落实到人并进行目标设定，如图 5-3 所示。

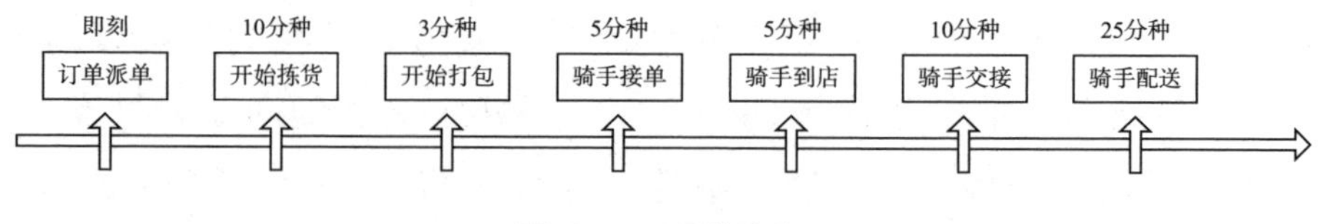

图 5-3　配送流程

· 订单指派：系统接受订单并分配给空闲的拣货员。

· 拣货节点：记录分配时间并作为拣货时长起点，往后 10 分钟作为拣货时长。

· 打包节点：记录拣货完成后的 10 分钟作为打包时间起点，后续的 3 分钟作为打包时长。

· 骑手接单：订单拣货并打包完成，订单抛到物流池，5 分钟骑手响应接单时长。

· 骑手到店：骑手接单后，需要从外地到店并签到，预留 5 分钟到店。

· 骑手交接：骑手到店后，联动交接员完成货品清点和交接，预留 10 分钟。

· 骑手配送：完成交接后，骑手出发前往用户家中，预留 25 分钟配送时长。

经过上述的节点拆解后，基础履约时间能在 1 小时内完成，把各项的节点时间作为考核指标对应到操作人员，清晰明了，责任到人。

4. 坪效结合，提高用工效率

坪效和人效概念单独存在，但应用价值一定是深度绑定且相辅相成。坪效的价值在于在面积有限的情况下，提升新零售拣货仓的利用率，从品类销售、仓内布局、拣货动线到仓内设备的应用，在带动坪效提升的同时拉动人员的工作效率，也就是人效。

· 仓内选品和布局：按照月动销率、促销力度、库存深度选品，确保拣货人员 80% 的商品在前置仓内完成收拣，减少拣货时长。品类的布局按照月度销售贡献、高低频品类属性布局分布。

· 拣货路线和设备：遵循 U 形或者 S 形理性路线，减少人员的折返次数，必要情况下增加便捷通道，缩短拣货时长。补货、理货、货品上架，手持终端记录定位商品货架号，拣货员快速直达扫码取货同样能提升拣货效率。

5. 内外结合，从内部到外部考虑履约质量

履约质量的好坏决定用户的复购和口碑。拣货过程中的准确性，配送过程中的保质性及交接过程中的服务态度，任何一个环节都是一次考验。

· 内部流水作业核查：拣货仓的流程业务是环环相扣流水式操作。拣货员从拣货完成商品之后首次核查，转交给打包员进行打包，在打包的过程中和发货单进行二次核查。转交给交接员，交接员第三次核查以便正确无误且摆放有序地交给配送员。任何一个环节出错，意味着流水员工都需要返工。建立内部核查机制并系统化登记，出错率自然成为每个员工的作业防线。

· 外部投诉售后追踪：售后、投诉及差评的每一条记录日志都需要埋点追踪，如商品漏送 / 少送，包装破损，冰品融化，服务态度差，未送货上门。按周 / 月 / 季度维度记录投诉条目，增加对应的处罚机制和奖励机制。

开源节流、自负盈亏是每个店及每个仓都应该考虑的。在业务模式下不断减少流程环节，任何一个可优化的机会点都会被放大，任何一个损耗的可能性都会被缩小。

四、1 小时到家，多业态物流配送效率

品类的新鲜度、用户时效的刚性需求，传统物流已经无法满足新零售业务的发展。行业的要求打破了传统配送时效和质量，从原本需要 2~3 天的配送时间进行压缩！高效的配送时间，安全保质的配送过程，良好的服务态度，越发加剧整个同城配送赛道的竞争压力。

（一）同城配送行业格局：多业态

一个时代总能催生出一个行业的创新和变革。对于传统物流行业而言，它具备天然优势，有足够的基础实力，具备在企业内部做资源整合的业务创新能力，孵化新零售同城配业务线并非难事。对于没有任何物流基础却又不得不强依赖末端配送的商户，在发展过程中困难重重，摸石头过河自建物流，很长一段时间都会深处于成本控制和质量交付的瓶颈。

1. 以顺丰、美团、蜂鸟、新达达、点我达为主的 B 端第三方众包平台

在 B 端业务上，同城配送业务触角不断跨行业发展，从商超到餐饮，重点发展 B 端大客户，依托母体稳定的客户流量和订单量，平稳维系业务拓展和不断深入 B 端精细化业务，拓展骑手创新改革。

· 众包工种灵活用工：众包骑手灵活调配，可快速满足商户配送需求，在短时间内提供足够的运力基础服务。同样，第三方物流供应商有足够的社会零工资源，可以满足企业商户的潜在门店或者用

户需求，提供可持续化延伸服务。

· 减少固定资产投入成本：第三方成熟的物流团队通常拥有完善的团队规模、管理方法、硬件设备、系统自动化等闭环机制，类似顺丰、美团、新达达物流平台可快速利用现成的基础设施并为商户定制化功能开发，减少商户的固定资产投入成本。

· 服务质量规范堪忧，管理难：第三方众包团队来源于社会零工，自由注册接单，被管理性小，服务质量难以得到规范化管理。通常为应对此类问题，大部分物流平台推出“商户专送 / 驻店专送”。培养部分核心骑手，固定为某个商户专送专配，人员编制挂靠物流平台管理，无论是服务质量还是运力保证都有很大的提升，弊端就在于成本会有所提升。

· 商户业务被动性增加：第三方团队模式运转稳定后，对于业务的中后期发展存在隐形压力。新城新店，甚至业务模式创新都存在依赖性。一旦运力团队不足或者无法支持，业务发展必然受到影响。物流团队规模、产能上限、可支配管理边界都会成为隐形压力。

2. 以盒马鲜生、朴朴、每日优鲜为主的自营物流平台

以阿里系为代表的盒马鲜生，在新零售行业的发展举足轻重。像侯毅所言：“未来新零售 10 年的核心竞争力一定是物流配送。”盒马鲜生从第一天开始重度建立配送体系，包括团队建设、物流系统、硬件设备、服务标准。

· 履约环节强把控开放式模式探索：明确线下履约每个环节控制点，并对每个控制点增加管理条例和量化 KPI。对于日趋竞争白热化的物流行业，提升开放式模式探索的可能性，都将成为可实现的基础条件。

· 大幅度提升用户消费体验：自建的物流团队模式涵盖企业独立完成订单配送和售后服务，使得企业在配送过程中可面对面地与用户接触，服务态度、服务操作变得更加规范可控，附加服务的方式也更加灵活（给用户拿快递、倒垃圾等）。

· 精准获取有效客户反馈信息，避免信息泄露：得益于自建团队配送直面沟通用户，可更加精准有效地获取客户的反馈信息，避免了客户信息被泄露的风险，商户自主一手把握，能更好地为商品运营、仓储营运提供数据支撑。

· 固定资产投入成本高且短期内回报低：物流体系的搭建包含交接、运输、售后等环节。在建立初期，商户平台需要注入大量资金，使得整体项目的资金投入不平衡，物流投入侧重势必会造成前端补贴优惠、商品、促销层面的减少。一旦差距拉大，业务在整体市场的竞争力会逐渐减弱。影响的可能是大局，因此敢于从第一天开始自建物流必须具备超强的抗风险能力和长远发展规划的决心。

3. 由美团、UU、闪送等多方物流企业组成的共享配送联盟平台

新零售配送联盟形态从 2018 年开始在行业内初具规模，美团、闪送、UU 成立“共享配送联盟”，目的在于规范行业标准，从服装、设备到服务内容，进而推进行业发展。

· 运力共享提供商户更多的应用场景：疫情的突发，新零售行业面临的最大挑战就是运力不足，骑手隔离，运输瘫痪，配送联盟的应用再一次被推上风口浪尖，资源共享，运力互助极大地满足了商户的配送需求。

· 行业规范无法完全统一，造成用户体验差：团队规范的标准相对独立且差异大，对于用户服务标准、交接流程顺序甚至平台约束力都存在差异，在未完全做到统一标准化的前提下，给用户的体验往往不佳。

· 行业白热化下的联盟缺乏领头羊：新零售行业的发展在加速同城配送的崛起，无论是众包平台还是自建物流平台都在全力打造核心竞争力，试图拉开差距并深度绑定商户进行定制化模式创新。局面紧张，单纯的“凑拢班子”是否有存在的意义，或许缺少一个契机和领头羊统一行业标准。

（二）同城配送发展的挑战与压力

上市公司的财报、媒体公开报道及联商网零售研究中心统计，

2019 年即时配送领域交易规模达到 1312 亿元，2020 年达到 1700 亿元，甚至有望突破 2000 亿元。近三年来，即时配送领域交易规模增长率在 30%~40%，行业正处于高速发展期。

1. 深入绑定供应链，定制化同城配送存在的价值

新零售供应链的本质在于利用上下游的网链结构把优质的商品服务提供给用户。商品、销售、用户信息及关键的物流自然成为整个网链结构不可获取的核心部分。

同城配送的行业发展一定是定制化且深入参与供应链需求发展的核心，品类的差异提供给物流配送环节中的服务差异就存在很大机会点。生鲜电商的快速发展、所关联的配送保质、仓储损耗、库存周转都会成为供应链上下游的定制需求。例如“顺丰冷链 + 顺丰同城急送”的综合性解决方案，为餐饮企业提供全链路的“从源头到餐桌”的物流服务案例。

供应链网链结构的另一部分主体在于用户信息，最后一公里直面用户交接，可获取的信息具备完全的真实性和一手性，以及信息整合和资源利用，同样有足够的发展空间。

2. 第一梯队建立行业规范，领导二三梯队发展

行业的发展从 0 到 1 再从 1 到 100，一定会出现白热化竞争和梯队形态。同城配送同样如此，如顺丰、四通一达、新达达等传统物流巨头行业，以及美团、蜂鸟、闪送等具备互联网基因的新型物流行业，当然也会有一些小型本地化的快送服务。发展模式、服务标准、文化理念大相径庭，在某种程度上会造成行业的畸形发展。

梯队发展是互联网企业惯用的发展思路，当行业因为白热化竞争出现竞争畸形，势必需要梯队化和标准化确保方向统一。大头带动小头，小头反哺大头。传统巨头物流行业拥有强大的社会化资源和稳健的管理流程，互联网背书下的物流行业拥有足够丰富的大数据资源和创新模式思维，而本地化物流却具备天然的地域特色环境。良性的梯队发展和规范化的资源共享互补，一定是未来新零售同城配送的核心话题。

3. 新型消费结构正在推动城镇化转型发展

新零售的转型与人的消费需求、技术进步、交通方式及消费场景等要素密切相关。在移动互联网的发展高渗透情况下，新零售的购物场景逐渐变得多元化，区域部分差异逐渐被拉小。在 2016 年经历过拼多多的“消费降级，渠道下沉”的农村包围城市战略后，各大互联网巨头将同城配送的矛头逐渐转向三四线城镇。拥有充足的社会化资源和移动互联网的文化认知，带给城镇化转型的空间同样巨大。

同城配送的发展源于新零售，也深度依赖新零售。做好供应商各个环节的闭环与高效、便捷的服务体验，或许才是同城配送发展的本质需求。

五、规模化新店上线模型：低成本 + 高输出

新零售拥有线下传统纷繁复杂的操作流程，同时又具备线上电商的背景血液。所以，在很多场景可通过线上数字化处理和智能化设备过渡，在一定层面上大幅降低门店上线网购业务门槛，让新零售的入驻变得容易。我们通过三个部分来拆解门店上线：销售预估、运营投入、线下执行。

（一）预估新零售销售额，反推投入

在新零售业务上线前，务必对销售做拆解。我们可以根据年度销售总目标与线下体量的占比来定义，从而反推销售目标。

1. 按基准值预估新店销售额

根据年度销售额总目标，可以反推出很多关键性策略，包括线上运营策略、线上推广节奏、投入成本 ROI，以及新店上线的销售额预估。基于目前线下体量和年度总目标，反推出线上占线下的比值，这个比值作为新店新零售业务的基准值。

假设线上年度总目标 50 亿元，线下体量 450 亿元，则线上销售渗透率 =50 亿元 /450 亿元 =11%，把 11% 定义为新店上线的目标。

2. 根据销售额目标预测新店订单量

需要根据销售目标推导销售单量的原因在于线下门店人力的安排、配送人力的安排，以及拣货仓坪效的核算都需要颗粒化到单量。因此，我们需要根据每个门店不同的销售体量，按照 11%~13% 的占比推导出线上销售的绝对值，对比客单价，订单量自然清晰明了。

假设线下一年体量 450 亿元，全国 450 家门店，每家门店全年平均 1 亿元的销售额，单天则 28 万元。按照线上 11% 的占比，线上单天 3 万元的销售额，客单价按照 120 元预估，则每天每店的新零售线上至少 257 单。以此类推，可以制订每个门店的单量计划！

（二）明确投入，反推运营策略

销售目标推导出之后，接下来需要根据目标执行运营策略，从线上促销、活动、商品、获客等方面同步出发。这里要留意的是，新店的上线和老店的运营渠道虽然类似，但运营策略截然不同，新店面对的基本都是全新用户，其核心目的是快速占领用户心智，将流量上翻。老店面对的基本都是在有一定心智的前提下，精细化用户运营。

1. 活动排期适度，聚焦高转化

“活动”应该是在业务平台内出现最频繁的一种小业态，业务方也从不缺活动形式和主题内容。对于用户运营而言，活动不是越多越好，特别是新用户的转化，明确主体活动框架和活动节奏即可，定义 3~4 个类型的活动框架，每个类型下搭建 1 个活动，分别在首页各个资源位做露出。

· 新人活动：针对新用户认知提高用户转化，例如新人专享 188 元红包指定商品下单再返现。

· 场景活动：针对场景提高精准用户转化，例如一日三餐，解压办公室、宿舍零食大作战。

· 品类活动：针对不同需求培养用户习惯，例如周一乳品日，周二水果日，周三生鲜日等。

2. 高频 SKU 引流打心智

商品的丰富度自然需要被满足，在新零售业务方面，商品的不足往往会成为用户下单的阻碍点。新店同样如此，新店营业的前提商品数据库的同步是基础必备。对于新用户而言，在首页或主推的品类内务必精简动销率 TOP50 的引流款作为主力，提高用户心智

同样重要。

· 高频商品：新零售业务平台高频商品对于无论哪个阶段都可以比较有效地拉动复购和回访，新用户也是如此，挑选核心生鲜品类、家禽肉蛋、粮油调味等。

· 优势商品：结合供应商部分线下的优势商品和线下门店的动销率，挑选 50~80 款作为主力引流商品，例如常温奶、纸巾、米面粮油、洗护用品等。

· 新奇特商品：新品首发、生活新奇品类放在新店效果比较明显。联动品牌方做新品首发落地，例如红豆味的蒙牛纯甄、抖音网红生活小工具都可以满足新奇特的要求。

3. 促销满减少套路

前期的核心目的是提升用户下单转化率，因此路径越简单越好，套路越少越好。

我们在新店上线后的一个月基本保持 1~2 种促销类型：满 M 元减 N 元、满 M 元包邮。可以搭配一些常规的优惠券使用，并且在用户下单过程中，我们会让系统自动计算最优的促销方案，减少用户决策的时间。

4. 毛利宽松让利拉新客

前期的获客是一个关键过程，也是我们投入成本最大的一块。在上线后的前一个月，大部分门店基本是处于亏毛利的状态，甚至很难做到收支平衡。这里务必快速建立起有效的获客模型方案，赶在 1 个月的测试周期内完成健康度的矫正。

我们在获客模型的过程中尝试了 3 个版本的迭代，从最初的线下设点拉人到分销自助获客才算是走上正轨。分销获客的本质在于用户裂变。我们给门店促销员和导购员赋予专属二维码，促销员邀请顾客成功下单后，促销员可以获得 5~7 元的佣金；该顾客也会随即生成自己的专属二维码，该顾客可以再次邀请第二个顾客下单，一旦下单成功，则最初的促销员和第一个顾客都能获得佣金。对于促销员而言，可以在满足销售的前提下获得佣金，用户也可以拿到专享礼包。

5. 洞察竞争对手策略

新店上线前的一个月，我们需要洞察商圈内竞争对手在线上线下的策略。我们通常的做法是总部收集并通过大数据获取竞品的线上策略，并制定线下需求收集表发给各个门店，各个门店按照要求在线下门店收集并返回总部，最终结合线上线下两份报表制定对应的策略。

· 线上洞察：通过平台（京东到家、美团、饿了么）收集竞品的商品结构、促销结构、优惠券组成部分及下单体验后的触达机制等。

· 线下收集：通过线下门店收集竞品的仓店模式、门店人流情况、到店后线上线下的场景连接、店内顾客的满意度调查、门店拣货配送等。

6. 线上资源集中推广

在前期的业务推广期，快速精准地触达足够多的线下用户，就要求有很强的资源整合能力，如公司内部资源、品牌方资源、线下门店资源等，制定节奏集中爆发打透，提高品牌知名度。

· 线上公众号资源推广：公众号按城市维度锁定独立城市投放，投放活动促销页面搭配新人优惠券包推送。

· 线上扫码购小程序推广：按门店维度打通扫码购小程序用户数据体系，并在扫码购小程序内实现一键跳转，确保流程互通上翻。

· 线上自助收银推广：线下门店自助收银增加小程序跳转太阳码，用户在结账完成后弹出优惠券扫码领取页面，用户扫码领券并存入微信卡包，实现从卡包一键跳转到平台内核销。

· 线上 LBS 微信生态推广：朋友圈广告、公众包广告、地域 KOL 都能实现按城市维度投放广告，确保新人活动促销页面的多窗口曝光。

· 线下 LBS 面对面发券推广：面对面发券同样是微信支付在实现线下地理位置的推广方式，后台锁定固定商圈的用户投放优惠券，用户在任何场景内使用微信支付，结果页都能弹出一张线上新零售的优惠券，领取并存放到卡包。

· 线下门店全资源推广：门店一定是线下推广的资源集中地，从门店广告标牌、电子互动屏、展架展板、商品堆头、促销员引导、商品促销二维码联动，在门店实现“人”“货”“场”三个维度的集中曝光。

· 分销获客商圈推广：我们搭建活动页面和传播链路，促销员和用户分别在小区、广场、办公区等人流高度集中区域进行裂变传播，对流量上翻推广具有高效作用。

（三）明确策略，反推线下执行

线上策略确定之后，下一步就是在门店做落地细节执行，通过门店人员、商品、仓储等维度进行细化，通常称为线下 SOP 手册。

1. 线下门店按岗设人，按人设效

门店作为履约的核心场景之一，需要的不同工种的人力、数量都会有差异。

· 控场—拣货—打包—交接—配送：控场员承担网购区秩序维护、系统操作、环节监控、人员小规模管理等职能，通常 1~2 个人；拣货员承担从接单到拣货完成的操作过程，拣货员每天 60~80 单，按照单量预设人数；打包员只需要在交接区完成装袋打包，通常 1~2 个人；交接员承担和骑手的交接，确保商品的正确性和完整性，通常 1~2 个人力投入；配送员的数量是最多的，按照每个配送员每天 20 单左右的人效和单量预估，提前安排运力人数。

· 人效激励，减少人力提高效率：和 C 端用户一样，门店人力同样需要激励方案，针对拣货员的拣货数量和配送员的配送数量，设置冲单奖励和周期性奖励，刺激人力在有限工时内的高效发挥。

2. 线下门店按仓摆货，按货挑货

拣货仓坪效利用：对于店仓一体化新零售业务模式，弊端在于拣货仓面积有限，货架数量有限，能存储在拣货仓的商品只是部分而非全部，若用户下单商品不在拣货仓内，就意味着拣货员需要跑到店内拣货，会增加整个履约时效。

因此，利用好拣货仓的面积，摆放正确的商品至关重要。通常我们会按几个维度和权重来挑选商品：动销率高的商品（按照平台内动销率 TOPSKU 排行）；生鲜冻品高频商品（高复购、高频购买生鲜冻品、家禽肉蛋品类）；平台优势民生类商品，用户偏好品类（米面粮油、常温奶、纸巾、洗护等品类）。

3. 线下门店设备 / 自用品管理应用

搭建拣货仓对于智能化设备和自用品等硬件设施自然不能少，控场员管理电脑、打印机、电话、面单打印机；打包台管理塑料袋、气泡袋、气泡膜、胶纸、胶带、手工刀；拣货员管理手持终端、拣货车、拣货智能一体化设备；配送员管理工服头盔、电动车、保温箱、健康证等。

新零售业务的搭建需要线上完善的运营策略，线下履约的比重同样重要。线上线下相互关联和制约，试图从中间找到更多的机会点突破，如应用场景的连接、大数据的管理应用、成本透视分析都将是新零售业务发展的重要立足点。

六、门店分层运营，培养头部门店

分层的概念对于运营工作者并不稀奇！用户分层、品类分层、促销分层等都是在运营过程中常见的精细化手段。分层的本质在于通过组合排列的形式将同集归类且定制化运营策略。

新零售业务的开展离不开线下门店，在拥有全国近 500 家线下门店体量的前提下，每家门店对于线上业务的投入、执行、业务表现都存在差异，需要在这样的环境下把握核心方向主线，这就要求我们运用分层方法论，对门店的运营进行分层精细化。

（一）上线时间、订单渗透率、准时履约率坐标轴分层

类似于用户的 RFM 模型概念，我们尝试把门店的 3 个核心指标拆解作为模型的三个因子，分别是上线时间（Time）、订单渗透率（Order）及准时履约率（Punctuality），我们把这个模型暂且称为 TOP 门店模型，在内部应用名称亦可称为 TOP 提升计划。

任何模型的搭建一定是基于已有数据才有意义，新零售业务上线 1~2 个季度后，我们拿到已有的数据指标作为 TOP 计划的几个参考值。

1.TOP 模型的三个数据维度指标

· 上线时间：按照单个忠诚用户在平台内的最长生命周期来计算，大概在 10 个月，我们拆解成三个阶段（0~1 个月的新店，1~5 个月的发展中店，5~10 个月的老店）。

· 订单渗透率：需要根据平台总 KPI 和线下目前的体量做对比，

拿到一个基准值（假设 KPI 为 1 亿元，线下目前体量 10 亿元，则基准值为 10%），这个 10% 是基础也是最低值，可适当提高 2 个档次，将 15% 和 20% 作为冲刺值。

· 准时履约率：在 O2O 行业，这是不可忽视的一个目标，拿行业数据来看 90% 的准时率已经大部分能满足，暂且把 90% 作为基础值，适当提高 2 个档次，将 95% 和 98% 作为冲刺值。

2. 根据 TOP 模型数据指标标签化门店

TOP 模型下的 3 个维度确认了 1 个基础值 +2 个冲刺值之后，我们需要可视化这些数据，并且逐一把目前门店的效果对应到等级内，如表 5–1 所示。

3. 针对不同阶段的门店标签 S、A、B、C

· 对于 0~1 个月的新店：门店运营属于起步阶段，KPI 只需要满足基础值即可，如 10% 的订单渗透率和 90% 的准时履约率，将满足要求的门店归为 A 档，若超出预期则为 S 级。

· 对于 1~5 个月的发展中店：门店已经开始掌握并熟悉新零售营运模式，则基础值提升到 15% 的订单渗透率和 95% 的准时履约率，满足的门店归为 A 档，若超出预期则为 S 级。

· 对于 5~10 个月的老店：门店已经规模化运转，基础值提升到 20% 的订单渗透率和 98% 准时履约率，满足的门店归为 A 档，若超出预期则为 S 级。

表 5–1 TOP 模型

上线时间	订单渗透率 /%	准时履约率 /%	门店级别
0~1 个月的新店	<10	<90	B
	10	90	A
	15	95	S
1~5 个月的发展中店	10	90	B
	15	95	A
	20	98	S

续表

上线时间	订单渗透率 /%	准时履约率 /%	门店级别
5~10 个月的老店	10	90	C
	15	95	B
	20	98	A
	>20	>98	S

（二）四档层级下的门店投入策略

四个档位的门店我们通过 TOP 数据模型分层，接下来对已分层的门店进行差异化策略投入，确保 S 级门店稳步发展，将最有潜力的 A 级提升到 S 级。

1.S 级门店稳指标，拓模式

S 级门店作为头部门店，无论是业务销售还是线下履约表现都优异，这部分门店的核心是稳守当前的业务指标状态，并且拓展更多可开源的业务模式，为销售和履约负责。

· 一店配全城，为 S 级门店赋能销售：一店配全城，顾名思义，就是以单个门店作为母店，用户在前端下单实现全城市区域范围覆盖，不再局限于 3 公里范围，让全城的用户都能享受到服务。对于销售而言，该模式有效规避 3 公里小范围内拉新瓶颈和销售瓶颈，可实现更大范围内的用户群体的商品交付。对于母店效率而言，订单密度加大，员工人效和拣货仓坪效同样能实现提升。

· 一店配多仓，为 S 级门店赋能客群："店仓一体化" 合作模式的弊端在于限制客流群体，因此给 S 级门店选址配套 2~3 家前置仓店，把 S 级门店作为母店、仓店作为子店，母店给子店供货，子店直接面向 C 端用户群体，既突破了仓店一体化的客流瓶颈，又能解决前置仓的仓店利用率问题。

· 一店带多店，为 A、B、C 级门店复制：一店带多店的核心在于模式的复制和传承。作为头部门店的责任和义务，以城市级为单位，建立门店走访经验分享探讨会，定期分享和开展细节讨论，便于成功经验的复制。

2.A 级门店稳基础，拓指标

A 级门店已经拥有较好的业务基础和客群，核心是加大马力，提升潜力门店的各项指标，往 S 级门店冲刺。

（1）智慧标杆门店计划试验田

A 级门店拥有较好的用户基础和门店履约能力，为测试门店发展性项目提供良好的试验田。测试成功快速复制到平行门店和 S 级门店，测试失败快速调整迭代。“智慧门店”的概念一直是店仓一体化新零售在全力试图打开的窗口，作为切入点提升门店履约能力和用户体验。

苏宁“北斗”系统是一款为门店服务研发的数据产品，依据线下监控视频数据资源，利用视频图像识别技术，融合视频处理、图像处理、模式识别及人工智能等领域的技术，彻底颠覆了一直以来依赖人工统计或传统方式的数据统计方式。

商品货架电子标签近两年在天虹、华润等门店应用广泛，电子标签植入定位系统和库存记忆系统，有效提供店内地图导航，快速实现最优拣货路线和库存周转周期，可延伸类似语音拣货、指环拣货方式，可以提升拣货效率。

（2）阶段性毛利投资提高优惠券力度

对于潜力门店的毛利通常都是“易守难攻”，可以平稳守住毛利点，但想突破就比较难，商品结构和用户消费习惯都比较稳定。因此，可以考虑 1~2 个点的毛利或者集中引入品牌商资源投入品牌促销。

上海、北京、重庆等一二线 A 级档位门店，阶段性测试 0 元门槛免邮。同时，研究竞品促销力度投入，比如重庆的永辉、福州的朴朴、上海的叮咚买菜，通过在线对比城市化竞品力度，适当在该门店投放一些新人低门槛大力度券（满 29 元减 8 元、满 19 元减 5 元等），引导竞品用户转化。

（3）驻店专送运力，提高配送履约时效

运力配送在门店履约中是非常重要的部分，配送时效最终影响的是整体履约时效。对比自建物流，大部分选择第三方物流的商户更多考虑的是开源节流、分摊管理压力、节省成本开支。

对于目前主流的配送团队如顺丰、美团、达达，不但拥有灵活度较高的众包团队，也有“自营专送团队 ”。“自营专送团队”通常称为“驻店专送”骑手，这部分骑手会驻场在门店，单独为某一家门店服务，其服务质量和时效都优于众包骑手，可以作为主力团队入驻到 A 级门店。

（4）店仓一体化升级拣货仓，提高拣货履约时效

新零售行业很大一部分成本压力在于“仓店投入”，朴朴、叮咚买菜、每日优鲜这类独立前置仓在大批量分布仓店时，需要考虑仓店租金成本及仓店利用率。仓店租金成本基本是固定值，而仓店利用率就需要商户通过运营策略和大数据驱动订单密度和品类密度，有了足够的订单才能保证仓店是盈利的。

店仓一体化新零售虽然少了仓店租金压力，但有仓店利用率的压力，这就要求我们对仓内进行优化升级。

· 仓内拣货路线导航（仓内商品摆放位置，从货架到层级一目了然），用数字跑腿代替人工跑腿。

· 仓内 SKU 智能管理（订单系统智能化抓取动销率高、用户偏好、高频等维度一体的 SKU，这部分 SKU 会被推荐到仓内摆放）。

· 仓内库存智能管理（仓内所有商品单独放入商品库，同时系统会根据用户的往期购买记录做 AI 判断，提供库存预警和补货周期预告）。

3.B、C 级门店强鼓励，拓基础

B、C 级门店各方面相对较弱，业务基础处于起步阶段，在不断复制应用 S 级门店成功模式的前提下，核心是需要给予更多的鼓励性政策，以巩固基础。

（1）平行门店 PK 计划，设置冲刺奖励计划

B、C 级门店作为潜力门店，平行式的冲刺激励可以同样有效增加门店之间的赛马。节点适用于大促，例如“6・18”、双十一、双十二，在固定大促周期内，以订单渗透率和履约时效作为 KPI，分别设置一个冲刺奖和领衔奖，冲刺奖可以把 KPI 定为 20% 的订单渗透率和 98% 的履约时效，对率先达成的门店给予奖金发放，领衔奖则为大促期间表现优异的门店发放奖金。

（2）以增速环比为基准，增速 TOP5 设置奖励

对于单方面激励除了赛马机制外，增速环比同样可以定义为奖励基准。

以 6 月份一个月为比赛周期，将 50 家 B、C 级门店作为样本，分别投放同样的投资力度优惠券和促销方案，避免差异化投入。7 月份再回顾当前数据和 6 月初的数据，两者做增速比，给增速 TOP5 发放奖金。

新零售业务源于线下，也立足于线下，线下门店的分层是精细化 B 端切入点，B 端和 C 端齐头并进才是新零售运营的最优解。

第 6 章
创新模式的结合应用

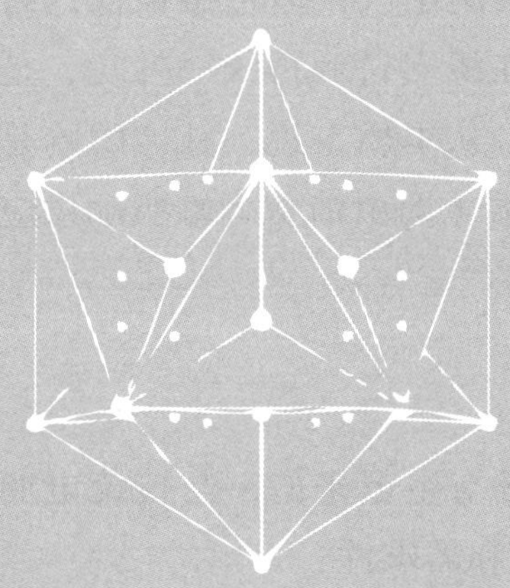

一、新零售助推加热社区团购

"@All 大家在忙吗？今天猪肉特价，领券下单享受 7 折优惠！要的赶紧喊我，优惠券有限，先到先发车了！"——来自"阳光花园二期业主群"

"@A1308 今天发团吗？家里没油了，帮我下单买 2 瓶油吧，我等下叫我儿子转钱给你！"——来自"祥厦花园 1 栋业主群"

"很方便，省心又省钱，我都是让楼上小毛给我买这些东西，他每次都给我们整点优惠券，下单能便宜不少，还不用邮费。"——来自"麒麟花园 1 期张大妈"

社区团购并不稀奇，几年前就陆续出现大大小小的团购业态，随着近两年新零售行业的快速发展，社区团购的概念感觉又被各大巨头翻出来"重整"。

社区团购的实际场景是基于线下真实的小区，通过微信群进行开团，把同一个小区人们的需求集齐，在线支付后再统一发货，是对接人到社区门口自提的一种购物方式。从本质上说，社区团购是一种基于真实 LBS 小区，由 C 端驱动 B 端（即由消费者端驱动供应端）的电商渠道。

（一）社区团购的本质

社区团购，有很多商业规则和优势是与生俱来的，与传统电商和传统团购不一样，其存在肯定有必然性和需求性！

1. 社区商业化

社区商业是典型的存量竞争，而非流量竞争。存量商业只服务固定的人群，比如某个小区、某个写字楼、某个宿舍等。而存量商业和增量商业的差异就在于无须考虑获客压力，只需要考虑如何对这部分用户做高转化和复购。

优质的商品品质和贴合人群定位的高频品类，对于新零售做商业化社区团购无疑是两个重要前提。这就能很好地解释为什么当前的社区团购占比最大的两个品类是“母婴品类”和“生鲜品类”。

2. 私域商业化

微信社群是社区团购的基本交易场景，简单而便捷。相比传统的网购平台而言，社区团购仅需要在微信内提交需求、说明需求、在线转账，就可以坐等商品。

微信具备原生的工具模块，如小程序、微信支付、分享裂变环境、LBS 附近的人、LBS 附近的小程序，本质上微信原生工具的结合，无疑是一套完善的微信生态下的社区团购业态。

3. 人脉商业化

社区团购的主体主要分为团长和团员，团长和团员都为小区内的消费者，消费交易也是基于真实地理位置近的社区，所以社区团购是基于信任和情感建立的购物场景。

例如线上宝妈作为团长连接小区居民，在群内完成母婴商品的交易，此时居民对商品的安全信任已经嫁接到对宝妈团长的信任，宝妈团长通过对邻里长年累月的了解，信任壁垒自然坚不可摧。

（二）从团长招募到规模化投产

社区团购的商业化规则下一步是根据这些关键点开始运营，对从种子用户的获取、裂变形式到下单交易的转化复购等一系列社区团购操作流程需要逐一拆解。

1. 筛选 S 级用户为团长

根据 RFM 分类用户，S 级用户作为头部用户拥有极强的平台黏性满意度，是具备可挖掘和包装的种子团长的前提条件。

· 按品类偏好找团长：拿到团长的大数据品类偏好标签筛选，按照社区团购两大核心品类“母婴品类”和“生鲜品类”，根据这两大品类在 S 级用户内筛选提取。

· 按社群密度找团长：这一部分更多的是考虑团长社群密度和人脉密度，无法直观获取，可以作为硬性要求发出招募，例如至少拥有 1 个 300 人以上的业主群，报名时提供截屏。

· 按小区渗透率找团长：提取往期交易大数据，以小区为核查基准，排查新零售订单渗透率情况，从上至下进行筛选，每个门店挑选 TOP5 的小区进行业务开展，并根据最终敲定的小区找业主团长。

2. 统一培训，规范管理

团长的管理和培训在很大程度上决定了后期业务开展的顺畅度，制定完善的 SOP 手册和管理渠道至关重要。

· 硬件系统操作培训：系统操作，顾名思义，就是平台方给社区团购搭建的系统用户端系统交互（便于快速找货找促销）、团长端系统交互（便于快速分享查收益）等一系列的操作培训。

· 硬件线下流程培训：模拟真实居民下单场景，用户扫码下单后，商品 1~3 小时由物流方配送到小区门口，团长作为主对接人需要将商品分发到户。在整个链条中，团长扮演的职能角色是培训。

· 平台促销信息沟通：每天定时批量促销信息和温馨关怀信息推送，确保业主群内的关键信息传达，避免信息繁多造成业主反感而退群。

· 居民用户私域管理：私域管理更多的是业主社群，如社群关系培养、社群互动活动方案、社群售后介入、社群消息推送等。统一私域社群流量管理方案培训，引导团长高效管理社群用户。

· 统一社群管理团长：社区团购除了团长对居民的管理外，总部对团长虽然有培训，但同样有管理。这时候在微信群集结所有团长，前期可进行小规模人员管理、流程管理和问题解答等，后期可工具化管理团长收益、PK 激励等精细化策略。

3. 展示高频 / 优势品类

基于社区团购商业化规则，我们知道社区团购玩的是“人脉信任”，从信任和社区需求本质出发锁定目标品类。

· 高频品类选取“生鲜”：生鲜作为流量产品，在品类结构中非常关键。因为在社区场景下，要培育线上消费习惯，一定要通过刚需、高频品类来经营。

· 优势品类选取母婴：母婴商品不但有着高客单的优势，而且具备强安全属性，大多数宝妈选择母婴产品不但只考虑商品本身，更多的是看用户口碑价值。而团长拥有较好的信任基础，自然拥有较好的信任感。

· 预售品类社区团购：预售拼团方式做生鲜的好处，一方面可以经营更宽广的商品线，比如可以经营活鲜，社区小店是很难经营活鲜的，但通过预售方式可以实现；另一方面可以更好地控制门店损耗，线上预售意味着门店没有库存或者库存较少，整个经营可以根据线上订单的情况来配货，相对能实现更好的精准度。

4. 用物流成本补足促销成本

毛利的核算模型在社区团购中是比较关键的一步，涉及最终利润的统计，业务是否盈利也要看这一步骤。

（1）取样测试获客成本和物流成本

社区团购的两个省成本的点在于获客和物流，这两个成本的核算需要借助取样测试来试图分析范围取值，并从取值中获取两个单位成本。

我们挑选 3~5 个 S 级团长分别在各自城市门店试运行 2 周，试运行的前提是按照平台的常规力度和部分引流商品进行促销，不做特殊力度的投入。

试运行 2 周之后，我们需要对比 5 个 S 级团长的效果，包括每个团长带来的新客，每个团长带来的单量和物流费用。通过 5 个团长下属的单位新客成本和单位物流成本，最终做均值，拿到一个可参考借鉴的成本。

（2）取样均值和平台常规值对比取差值

拿到了测试后的单位获客成本和单均物流成本后，接下来需要对比常规非社区团购下的获客和物流成本，取最终的差值作为团长工资和社区运营的日常促销投入。

5. 波次配送控制运输成本

社区团购线下门店或者前置仓面临的另一个问题是零散拣货和零散配送，这既会加大门店拣货和物流成本，也会增加团长的工作量，因此社区团购波次配送模式很重要。

· 一天两配 / 三配固定时间段配送：每天固定时间段两配或者三配，集中运输，挑取高峰前时段，例如上午 11 点、下午 5 点、晚上 8 点三个时间段统一配送。门店拣货时间在配送前半小时内完成即可。

· 合作社区物流串点配送：物流车队和团长小区深度合作，固定配送路线，车队串点社区配送，按照路线依次按小区配送，确保运输效率最大化，同时节省运输成本。

二、粉丝经济下的直播带货

（一）直播电商的本质

作为新型电商业态，2016 年拼多多以“社交电商”为切入点可谓把传统电商拉到一个新高度，有力地解决了电商获客成本的问题，拉动下沉市场流量井喷式增长。而直播电商的崛起，承担的角色更多的是解决用户快速成交的转化，为销售成交提供更好的解决方案。

直播电商的场景是主播通过商品内容引导用户购物，从模式上属于典型的“货找人”场景。因此，定义直播电商的本质一定是流量转化和“货找人”，如图 6–1 所示。

1. 流量转化

我们不妨把直播电商进行拆解，不难发现几个要素缺一不可：直播场景（直播间）、直播设备、主播达人、商品、直播内容。主播通过自身的影响力和事先准备的商品内容，搭配个人风格的演绎式解说，不断提醒和引导用户下单购买，整个过程是电商运营的“提升转化率“环节。

2. 创新购物模式

直播电商对比传统电商的一个较大的创新突破在于“货找人”！传统电商下消费者通常是产生需求—确认需求—寻找商品—需求落地，是“人找货”的过程。而直播电商，主播通过内容直播，将产品上架到直播间，附上产品的购买入口，此时需求链就演变成内容引导需求—被动产生需求—确认需求—需求落地。

内容引导
需求刺激
*思考
目标暴露
信息接收
认知选择
商品结构、商品来源、商品信息、商品内容、商品价格，等等
个人匹配度、个人接受度、个人偏好、个人兴趣度，等等
需求转化
*行动
目标选择
氛围烘托
商品价值
印象认知
情感认知
主播影响力、主播内容、互动反馈、直播间氛围节奏
商品质量、商品价格、商品实用性、商品延伸价值
品牌美誉度、市场印象认知、商品口碑
目标用户心态情绪、兴趣爱好、冲动刺激、好奇心、情怀因素
需求落地
信息整合
买买买

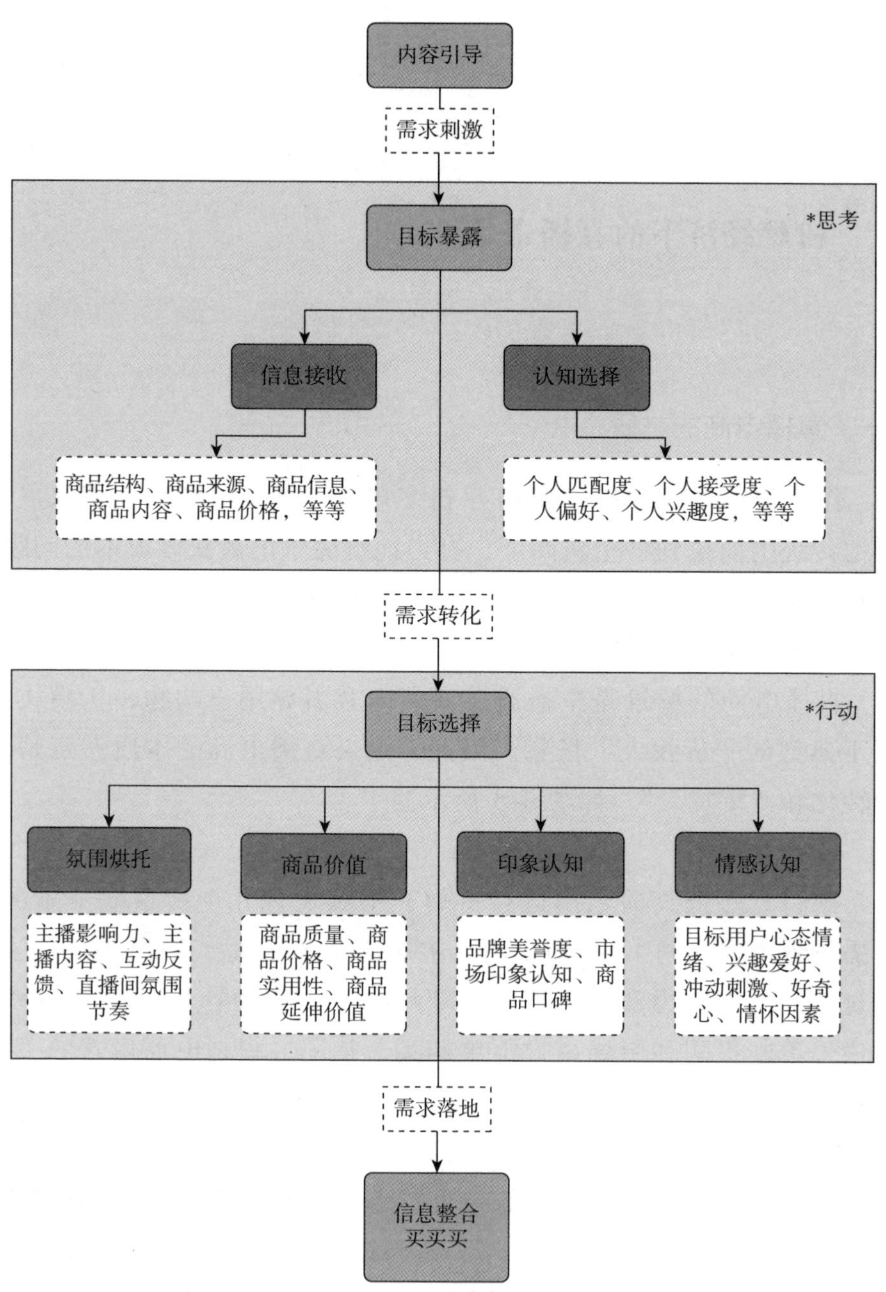

图 6-1　直播电商

3. 主播影响力信任消耗

说到直播，核心元素当然离不开主播 KOL，和社区团购类似，整个生态链都需要一个有足够影响力的人来作为领导者，社区团购的领导者为“团长”，直播电商的领导者为“主播”。

人际信任消耗建立：出于“货找人”的模式，直播带货的过程中多数购买用户是出于“非刚性”需求转化。“非刚性”需求的转化无非有几个核心点：折扣低廉的价格、新奇特的商品及主动推荐者。主播的场景跟推荐者密切相关，若推荐的商品可以完美地引导用户从“非刚性”转向“刚性”需求，多次复购性行为也会随之产生。若推荐的商品没有任何使用价值，则主播的信任消耗开始产生并逐渐放大，直至失去信任。

4. 商品直观化

直播电商的属性决定了直播内容的丰富程度，如个人秀场、生活记录、游戏解说、美食解说等，包括直播电商下的商品解说，其核心点都在于内容。

传统电商下的商品表述通常都是文案描述堆图片，用户感知和信息传达始终存在局限性，以至于行业逐渐出现类似于内容、互动问答、AR 看图等增强用户体验的形式。直播电商的出现，似乎是该痛点目前较好的解决方案。

直播通过现场真实详细的产品解说、使用体验及适用人群信息，基本将商品信息彻底曝光。弹幕、在线评论的提问形式，实时消除用户对商品的购买顾虑。

老罗首场的直播持续了 3 个小时，总观看人数超过 4800 万，最高时段同时在线人数约 290.9 万，总抖音音浪数达到 820 万，直播间共关联 23 件商品，总销售额约 1.1 亿元。（数据来源于网络）

5. 互动体验化

任何平台的互动都是提高个人参与感的表现形式。正如早期的社区论坛，内容引导用户互动，互动量大，社区的氛围好。对于运营者而言，可挖掘和发挥的商业化模式更多。直播电商的逻辑同理，只是表现形式更加丰富，通过用户的参与、评论、打赏都可以产生不同的收益，最终和平台按比例分成。主播获得直播收益、商家通过主播销售商品、用户对于整个购物的体验过程也变得更灵活和趣味化，从 B 端到 C 端的生态链就会更顺畅。

（二）直播电商与新零售的默契

1. 完美切入新零售“人货场”

新零售的崛起，有效地将“人货场”三个核心元素进行重组，线上线下 C 端用户整合、商品供应链结构化、线下门店仓店坪效利用率都能很好地被利用。同时，我们不妨拆解直播电商与“人货场”的结合。

· 以“人”为核心：直播带货能让我们感受到足够大的“人群”，通过头部 KOL 主播、大量用户粉丝群体、正常消费者，甚至还会有很多潜水的销售商时刻盯着屏幕销量和直播收益。通过直播把相关的“人”集中在一起，用户快速反馈问题，主播直观化地介绍商品，销售商实时化地看销售数据和用户反馈做运营策略调整。要知道，这个氛围模式在传统电商可谓是难上加难！

· 以“货”为核心：对于用户而言，商品的感知通过页面的滑动和详情页是远远不够的。内容直播却完美地解决了这个痛点，使用感受、详细参数配置、在线互动解答，让用户真正了解商品是什么。对于商家而言，可以在线收集用户售前反馈、根据实时销量调整促销力度冲刺销售目标和供应链上游生产需求。

· 以“场”为核心：直播带货最直接的“场”即为直播间。目前主流的场更多的是直播私人空间，例如房间、直播室、办公室等。主播把更多的用户关注度停留在内容与互动上，背后的场景简单却充满机会，可以作为新零售电商的机会点。

2. 商场场景的延展

新零售的场景具备丰富性，从商家来看，包括商场门店、前置仓店、交接区；从配送到家来看，用户社区、广场、目标人群聚集点都可以作为场景，搭配线上直播，每个场景的延展性都很强。

· 商家门店场景利用：门店拥有足够多的商品与商品货架组，在售价格、款式选择、现场使用、路人体验都可以落地到门店展示。对于O2O业务，一直强调的生鲜活虾活鱼等品类，同样可以作为直播场景为用户在线科普相关品类的营养成分及烹饪方法，从商品出发给用户传达“新鲜、营养、安全、美味”的理念。

· 为线下获客提供有利条件：线下用户无论是逛商场还是逛社区广场，从众心理引导用户集中关注，通过扫描现场二维码进入线上店铺。可以扫码到线上享受更低的优惠折扣，让线下用户的转化率更高。同时，对于线上的店铺业务而言，可以借助线下直播为线上导流，并且以线上直播的形式弥补无法在线下门店展示的场景。

3. 头部用户领导的网红经济

网红经济，合理整合行业具备影响力的KOL做流量推广，同时培养现有的头部用户资源做拓展。之前讲过RFM模型对用户进行分层，其中S级用户也是潜在目标群体，对于个人品牌价值打造、个人场景应用拓展，都能进行拆解。

· O2O行业优势品类KOL：“生鲜”和“母婴”两大品类一直是O2O平台的优势品类，生鲜拉动高频，母婴拉动高客单。两者对于KOL的包装和资源相对丰富可控。“生鲜”可以集中在小区的社区物业群内活跃认可度较高的人群；“母婴”可以集中在辣妈、社区群内活跃认可度较高的人群。

· S级用户场景应用拓展：S级用户对于平台的价值是战略性的。除了销售GMV的提供外，如线下的分销获客、社区团购团长、直播带货主播也是可培养的。在广泛拓展业务应用的同时打造个人品牌价值，在商圈内提高个人影响力。影响力越大，获得的商户权益也越大，打造个人与商户之间的沟通闭环。

直播带货对于新零售而言是理想弥补，更是实践手册。长远来看，直播带货发展的关键不仅仅是带货本身，还有广泛的应用和切入。

三、用新零售思维看地摊经济

2020年2月，我国城镇调查失业率约为6.2%，大概是4320万人。自3月出台政策允许商贩临时占道经营以来，成都增加就业岗位超10万个，中心城区餐饮店铺复工率超过98%。（数据来源于网络）

（一）新零售与地摊经济的契合

后疫情时代的发展不但助推新零售的发展，还给快速扩张和应用的地摊经济提供了有力的民生保障方案。两者看似商业模式和运作流程截然不同，但本质都是"卖货"。在已有的商品供应链环节内把正确的商品交付给需要的人，也就是我们所说的"货找人"和"人找货"的过程。我们不妨通过新零售的思维拆解地摊经济，试图探索可落地的创新商业玩法。

（二）地摊经济的O2O化

"线上线下"似乎已经成为新零售的代名词，线上的用户体验、线下的配送履约、中间层的智能化数据分析和科技应用，组成新零售的黄金流程。这里我们特指的O2O应用更多的是在C端用户层体现，而地摊经济同样有O2O化，但绝大部分体现在B端和小部分C端，我们不妨举例来验证探讨。

李大爷是深圳某城中村的住户，一直想尝试摆摊赚取额外收入。慎重考虑后，李大爷决定，将家乡特产猕猴桃作为核心品类售卖。

听取儿子的建议，李大爷在 1688 平台上筛选 3~4 家眉县的固定货源商，并逐一下单，样品到家后进行品尝，从质量和价格方面选择最终合作货源，在 1688 平台内建立和供货商的良好合作关系。

有了货源之后，李大爷开始在小区周围观察人流、购物集中时间等情况。有意思的是，李大爷在经营的过程中会主动要求顾客扫码进群，进群后会多送一个猕猴桃。

· B 端 +C 端线上：上游供应链完善，确保商品供给、商品周转周期、商品毛利控制及规模化商品数量；线上微信群，聚拢小区周边用户，通过群内的新品到货，促销信息推送，商品图片、短视频分享，增强用户群体对地摊品类的认知，提高复购效率。

· C 端线下：地摊经济的交易过程纯落地在线下 C 端用户中，线下用户通过面对面选品—价格对比—需求匹配，最终成交，属于典型的“人找货”模式。

· 线上 B 端 + 线下 C 端 = 特殊化 O2O：通过有效的线上 B 端供应链到线下 C 端销售，线上线下 O2O 逐渐被趋势化。对于大部分地摊主而言，无法提供自给自足的商品生产能力，不得不依赖成熟的线上供应链来满足线下的品类需求。

（三）地摊经济是公域流量运营的过程

流量即用户，用户越多，销售基础也可能越大。线下作为一个庞大的流量池，拥有丰富的用户画像群体和行为特征，是弊端也是机会。

1. 流动选择性摆摊的流量思维

基于线下的摆摊设点，无非有两种形式：流动式选点摆摊和固定驻点摆摊。流动式选点摆摊通常伴有流动车，跟随密集的人流而流动，选择性更大。流动式选点摆摊更像是新零售电商平台的一个活动页面，其流量分散、资源位多，转化率也各有差异。

新零售电商的渠道分层概念应用或许合适，对于不同的渠道

（流动点），在搭建各个渠道横向差异化促销投放的前提下，根据高峰和平峰做好每个渠道内的纵向资源投入，如图 6-2 所示。

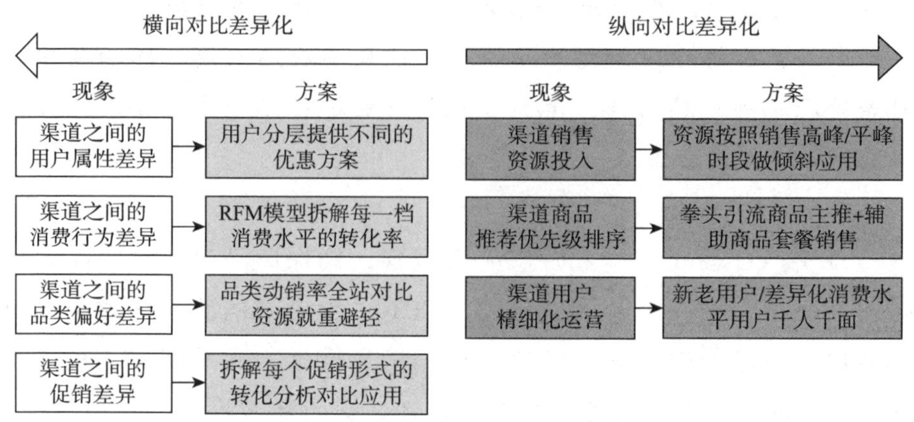

图 6-2　新零售电商的渠道分层概念

· 横向差异化：各个渠道（流动点）根据用户群体、时间差异主推不同的 SKU 和促销形式。

水果摊贩，早晨在办公楼楼下主推香蕉、苹果、火龙果等，这些水果可以促进胃肠蠕动，并且提供一些牛奶作为搭配物，它们作为白领群体的早餐非常合适。下午则主推西瓜、苹果、猕猴桃等酸甜类水果，可以消除疲惫感，它们作为白领群体的下午茶再合适不过。

· 纵向差异化：每个渠道（流动点）内都会有用户成交高峰期和平峰期，高峰期流量大、转化率高，平峰期流量平稳、转化率一般。资源投入策略更应该聚焦高峰期，合理分配资源冲销售额。

早餐设点监测好群体上班时间，假设集中在早上 7~9 点。这时候的套餐促销价格为 9.9 元，扫码进群可额外再获得一个香蕉。9 点以后，人流量小，也非用餐期，考虑更换促销方式，减少绑定销售，恢复价格，面向路人群体消费。

2. 固定驻点摆摊的流量思维

固定驻点摆摊是大部分商户的选择，因为用户相对集中，容易培养用户黏性。

但固定驻点有一个很大的弊端，就是极易出现群体式摆摊，如地铁口、小区大门口、学校周边往往都是固定驻点摊位，一眼望去，摊位令人眼花缭乱。

对于新零售电商而言，固定驻点摆摊更像是中心化平台，例如京东到家、美团、饿了么等。群体式各个品类的小商户随机组合成为中心化平台。对于中心化平台的切入，我们同样可以拆解几个点来解析和进行线下应用，如图 6–3 所示。

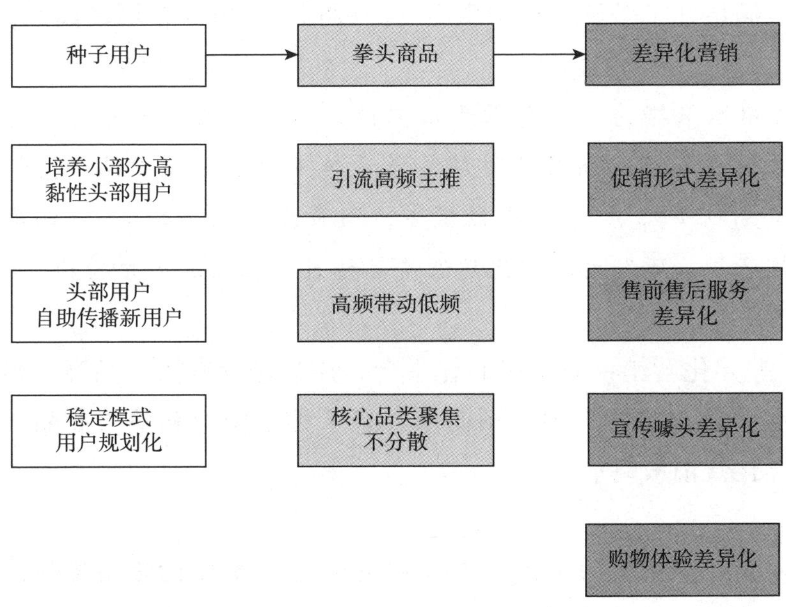

图 6–3　中心化平台

· 核心种子用户：第一批的种子用户培养至关重要。首先，作为产品体验可以有效真实地获取用户反馈；其次，对于用户的规模化提供足够丰富的传播主。通过周期内的用户进行筛选分层，根据购物频率、客单、品类等维度，抓取一小部分S级种子用户，进行二次营销触达，建立平台黏性。

线下摆摊摊位设置在小区门口，摆摊前1~2周密切留意购物客群，监测并保留高复购、高客单、购物意愿明确的用户，举办套餐优惠、新品试吃、购物送礼品等小活动（活动形式多样且维持3~4周）。积累这部分用户信任后，开始引导用户做朋友圈推广、微信群内推广、小区/办公室口碑宣传。

· 主推拳头商品：拳头商品的主推不但可以在引流转化方面提供支持，而且应用广泛，更是不断打造顾客心智的表现。一旦用户形成品类购物习惯，就需要采取复购和留存的策略。拳头商品的选择至少应满足几个条件：动销率高、高频且供应链库存周转周期短。

仍以水果摊为例，受限于供应链，水果的品类不一定丰富。但得益于此，在选择商品的时候尽量聚焦不分散做核心品类。例如夏季必备荔枝（妃子笑）、猕猴桃等，附带几个附属品类——西瓜、苹果、橘子等，逐渐培养买优质低价荔枝首选我家的用户购物心智。

· 差异化营销：对于中心化平台，用户选择性大，品类丰富交集多。需要在众多商户中脱颖而出，有了种子用户和拳头商品，也需要差异化营销策略。

对于线下摆摊的形式，有一些有意思的差异化营销案例，如买西瓜送勺子、买香蕉送牛奶、买荔枝送湿纸巾，这些都是从紧贴用户使用过程中的需求进行考虑。

对于生鲜品类，用户更看重“新鲜”，宣传12小时冷链直供保鲜，购物时在购物袋内赠送冰袋保鲜，让用户感受到足够“新鲜”，购物袋里也可以放一些印上微信群二维码的卡片等。从用户的细节需求入手，差异化表现才能够被逐渐放大。

（四）地摊经济是私域流量运营的过程

线下的公域流量已经有足够丰富的用户，把这批用户高效地转为地摊商户的私有用户，这个过程需要私域流量运营策略。做新零售同样离不开私域流量，在确保种子用户被规划的前提下，提升用户黏性及复购转化效率。

这里举一个发生在笔者周围的真实案例。小区楼下有一个水果摊，笔者准备买单时，摊主大爷邀请扫码进群，并且会给用户优惠 0.5 元或者赠送 2~3 个沙糖橘。

摊主大爷建立微信群，每天基本发送 2~3 条消息，包含出摊的时间和位置、水果品种、水果的优惠价格，朴实而纯粹，我们也乐于在群里搭话和购买。不知道此群何时建立的，目前已有 295 个人。我们不妨拆解摊主大爷的微信群运营，如图 6–4 所示。

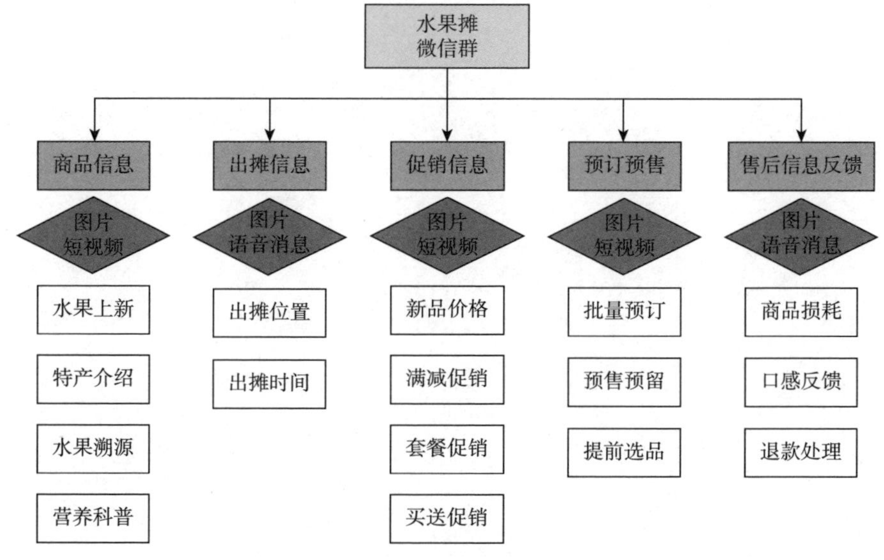

图 6–4　摊主大爷的微信群运营

· 商品信息分享：所有关于商品层面的内容分享，简陋一些的直接拍商品图片，通过微信环境下的编辑适当注明价格和溯源信息。明确告知顾客，每天高峰时段发送 1~2 次，提高用户下单的转化效果。

· 出摊信息分享：对于流动选点出摊最有效，提前在群内明确出摊地点和时间，给用户预期，每天 1~2 次信息分享。

· 促销信息分享：促销信息对于商户而言，促销信息分享通常是丰富也是最能引导下单的环节，每天针对主推拳头商品或特产商品制定一个满减促销或者购物满赠促销活动，同时在微信群内分享，对于主推爆款的商品有较大的转化提升。

· 预订预售活动：针对居家或 CBD 办公人群，需要订购批量商品，提前预订，商户快速整合供应链货源，预估到货时间，及时满足预订用户的需求。

· 售后信息反馈：对于微信群的沟通效率而言，售后信息反馈实时高效。商户通过真实的用户反馈调整、优化品类结构和购物环节，也能快速响应用户售后需求，提高用户满意度和信任感。

四、社交游戏化获客，效率如何

回顾社交游戏的本质，社交游戏组合结构分为“社交 + 游戏玩法”两部分。“社交”好理解，源于用户而发展于用户，借助已有的种子用户群体规模化流量池。“游戏玩法”是一种形式过程，核心目的在于让用户在设定好的形式内完成某项任务拿到奖励，任务可深可浅，形式也多种多样，取决于我们从哪个需求点出发。

出于社交电商本质属性的考虑，社交游戏在电商的应用领域更聚焦。通常集中在拉新获客、用户活跃、销售转化及留存方面。为确保用户在购物体验的过程中不受太多因素的干扰，适当增加一些游戏玩法，对于提升相关指标很有帮助。

（一）社交游戏和新零售的契合

新零售的本质是 O2O 化，区分线上、线下两个应用场景。小程序电商线上的流量运营、活动策划，可以合理设计具有针对性的游戏玩法。例如私域流量的促活和发券，平台用户的留存回访，活动节点的发券和转化。

线下场景是新零售区别于传统电商的核心阵地，也是线下用户、门店资源作为天然优势的护城河。线下用户的获客、社交行为、逛店路径行为及流量数字化，是门店的痛点，需要更多社交游戏可切入的点。例如线下门店发券、社区助力拼团、门店获客及门店用户逛店娱乐体验。

（二）线上流量的留存和转化

新零售的线上运营和传统电商的运营策略如出一辙，从拉新—促销—转化及复购这条主线延展。主线一致，策略手法自然有相似之处。在运营主线的基础上，我们抓住新零售的几个核心痛点再针对性地设计游戏玩法，例如新零售获客难、成本高，小程序电商留存低，微信群流量沉默用户过多，等等。

1.“附近的人”助力拉新

新零售和传统电商在做拉新时最大的差异点在于受众范围，传统电商不受地域限制，而新零售通常仅在前置仓的1~3公里范围，因此需要在部分范围内获客，除了一大部分的线下定点获客外，线上同样可以设计一些玩法来助力拉新，如图6–5所示。

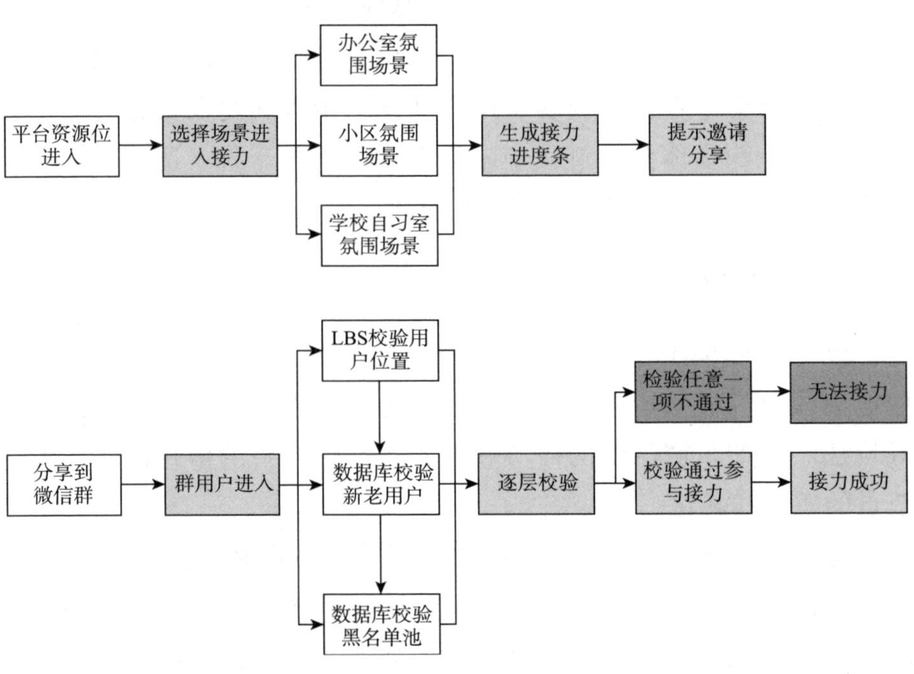

图6–5　助力拉新

· 玩法名称：附近好友接力赛，接力成功抢百元实物礼包。

· 玩法逻辑：A用户发起接力赛——邀请3位附近的新用户接

力——系统通过 LBS 定位判断校验配送范围——系统通过平台数据库校验新老用户——3 位新用户接力完成，分别获得新人礼包和特殊玩法礼包——A 用户获得百元实物礼包—已经被转发的 3 位新用户同样发起二次接力。

· 奖品设置：在设计玩法的过程中，除了底层逻辑，奖品的设置非常关键，在确保用户体验顺畅的前提下，平台运营成本可控。例如游戏规则是 A 用户获得 3 个新用户，线下获客每个用户成本在 30~40 元，线上获客其实成本更高。因此，3 个新用户的成本至少在 100 元左右，前期可以先把 100 元作为奖励回报，定义为 100 元实物奖品组合礼包。

· 奖品数量：根据平台现存流量进行预估，假设平台日 UV100 万，核心资源位点击跳转率为 40%，40 万的被跳转 UV 内玩法参与率为 30%，也就是仅 12 万的用户参与游戏，但最终能拿到大奖的用户需要邀请 3 个新用户才算完成游戏，通常 1 带 3 的玩法成功率在 20%~30%。因此，可计算出最终获奖用户在 2 万 ~3 万，2 万 ~3 万就是奖品的总数量。（数据实时性，奖池的配置需要具有灵活性，快速调整数量。）

玩法包装："附近的人"的概念尤为重要，氛围包装和文案引导尽可能凸显"办公室同事群""小区业主群""学校班级群"等，引导用户往这几个关系链群内转发。玩法视觉设计增加办公室、小区、学校等视觉场景，用户可自由切换。

2. 集碎片换实物奖品

私域流量下的社群一直是新零售流量的切入点，在社群内增加活跃类玩法很有必要。需要留意的几个前提是：新零售的社群通常都是 3 公里范围内分区社群。因此，社群内大部分都存在熟人关系链，有一定的网购消费力和品牌认知，如图 6-6 所示。

· 玩法名称：收集商品碎片兑换实物奖品。

· 玩法逻辑：A 用户进入活动页摇一摇——随机掉落商品碎

片——所有碎片可与微信群好友索要与赠送——通过好友的交换和摇一摇——碎片收集完成后兑换相应的实物奖品。

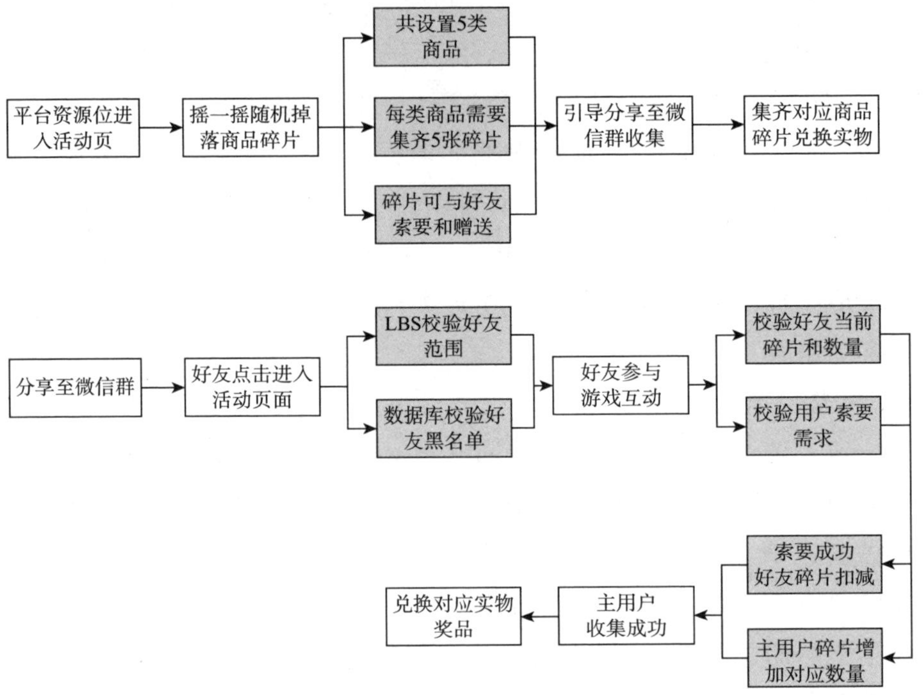

图 6-6 集碎片兑换实物奖品

· 奖品设置：实物奖品可设置多种类且高频的商品，例如整箱牛奶、卫生纸、米面粮油等。所有奖品数量总数仍可按照平台 UV 漏斗转化来预估，假设按照平台日 UV100 万来计算，则需要准备 2 万 ~ 3 万总数量奖品，再根据奖品种类进行比例分配即可。

· 玩法包装：除了在氛围引导下不断收集商品碎片填满购物车的消费行为，还需要通过高频商品的露出和奖品兑换，不断提升高频商品对平台用户心智的影响。

3. 互动玩法提升留存率

以小程序为业态的新零售往往会碰到留存低的瓶颈。为了避免用户被骚扰，小程序的用户通知和唤醒能力一直被官方极大地压制，以至于小程序服务通知功能一再受限。因此，可以在平台增加一些留存互动玩法。

· 打卡签到：打卡签到是一种常见的留存玩法，在页面内引导用户每天回访平台进行打卡签到，连续签到或者累计签到都能获得一定的收益，用利益刺激来促进用户回访。

· 养成类玩法：类似蚂蚁种树、庄园牧场等轻游戏，引导用户培养自己的专属“植物或宠物”，在培养的过程中会增加很多消费者行为的任务卡片。例如下单数量、客单价门槛、分享次数等，任务完成度越高，植物或者宠物的成长值就越高，给予的成就感和奖励就越大。这是加强平台消费行为和用户黏性的玩法。

· 每日夺宝：利用“每天一次免费”抽奖机会，引导用户每天抽奖，通过概率设置，首次夺宝、连续 3 天、连续 5 天等时间节点概念都能让用户抽到奖品，增强用户对抽奖的可信度，从而每天进来并顺手抽奖。

（三）线下流量的获取和数字化

线下的用户丰富且多维，作为获客主阵地自然离不开各种工具和手段，可以考虑切入游戏化的社交玩法。线下门店拥有足够丰富的商品和场地，用户在购物时的互动，同样可以考虑植入轻玩法，提升用户的逛店体验。

1. 一起来捉妖，全民门店来捉妖

“一起来捉妖”是腾讯在 2019 年推出的 AR 类探索手游，玩家通过 AR 功能抓捕身边的妖灵，对它们进行培养，完成游戏中 PVE/PVP 对战、展示、交易等。基于 AR 虚拟现实，可以和线下门店合作，在指定门店抓到专属妖灵。

玩法逻辑：用户打开游戏 AR 走访现实中的指定门店——在门店内四处扫描抓取专属妖灵——随机掉落该门店优惠券——敲击门店鼓再次获得游戏宝箱，解锁神秘福利。

2. 面对面砍价，数字化获客工具

面对面砍价，顾名思义，就是场景立足于小区、CBD、学校高人群密度区域，用户通过线上购物发起面对面砍价，邀请附近新用户面对面扫码砍价。

玩法逻辑：用户购物下单——支付结算页一键跳转到面对面砍价——生成砍价专属二维码——附近好友进入小程序并面对面扫码开启砍价——主用户享受优惠价格，平台获取一个新用户。

3. 线下面对面拼团，切入社交促销

线下用户进店购物，相信绝大部分顾客都是抱着“是否有优惠”的心理，同时线下用户具备较强的从众心理，这两个心理特点相结合，正好匹配社交促销的属性。

玩法逻辑：线下门店搭建专属拼团促销专柜或堆头——挑选5~10款高频品类，集中民生类商品——A用户进入页面开团——A用户生成专属二维码——B用户扫描A用户的二维码拼团——A和B两人团开团成功，生成拼团口令——收银台结算输入口令，价格从原价变更为拼团价。

4. 好友关系链裂变分销拿佣金

分销获客，利用佣金利益刺激，引导用户主动分享并邀请新用户下单，同时在二级关系链裂变之下，给第一批用户带来分佣收益。

玩法逻辑：A用户进入平台获得专属二维码——引导新用户B扫描并成功下单——A用户获得一单佣金——B用户下单成功后获得专属二维码并引导C用户扫描成功下单——B用户获得一单佣金且A用户获得两单佣金。

5. 智慧屏娱乐化应用，提升逛店体验

线下逛店用户不缺家庭团，每天有20%~25%的逛店用户属于家庭团购物，这部分家庭团用户就是可结合门店智慧屏互动的核心人群之一。门店的智慧屏更多的是投放促销广告、商品信息，对于用户的感知和信息传递效率很低。

我们通过内容更新，将传统信息的广告更换为互动体验，例如在线拍照、扫码抢优惠券、在线扫码溯源、在线轻互动游戏体验等。这不但可以提升用户在传统线下门店的逛店体验，而且可以为用户数字化提供用户来源。

新零售电商和传统零售服务的理念一致，一切都是为提升用户的购物体验而努力。新零售与社交游戏化的结合创新且形式多元，紧贴用户痛点和购物需求，合理化社交玩法的植入会让购物变得更有趣味性，也更具备人性化的生命力。

五、刷屏的“秋天里的第一杯奶茶”

“秋天里的第一杯奶茶”莫名刷屏，一度成为热搜话题。据说它最早来自抖音，一位小姐姐的男朋友给她转账 52 元，让她可以在变冷的秋天买杯奶茶暖胃，接着她自豪地把聊天截图晒出来，直接秒杀了手机屏幕前的网友。

因此，引发全网网友跟风。有对象的会主动发 52 元，并且备注“秋天里的第一杯奶茶”，接着晒出奶茶；没对象的会备注“秋天里的第一打啤酒”“秋天里的第一套护肤品”等。

这个案例有三点需要注意：

第一，A 用户基于情感发起的不等额转账。

第二，B 用户基于 A 用户的备注发起的“精准购物”行为。

第三，从点到面的氛围营造拉动群体消费。

这三点分别对应新零售运营过程的非理性消费、品类推荐、从众心理消费。

（一）行为经济学中的“心理账户”

心理账户是行为经济学中的一个重要概念，任何消费者在消费行为过程中都有一根隐形的基准线。例如买一件 T 恤应该在 100~199 元，买一双鞋应该在 299~499 元，再贵可能不会考虑，再便宜或许也不会考虑。

用户消费水平受制于“心理账户管理”，用户消费多少，直接决定平台的客单价。大概率事件永远有小概率例外的存在。个体用户在做决策时虽然有基准线的制约，但往往会受到一些外在因素的影响而违背经济运算法则，也就是我们所说的非理性消费行为。

1. 情感权重打破心理账户平衡性

情感包装是基于已有的交际关系，并且找到价值点做提升。有一个稳固的交互关系，再搭配一个适合的节日或事件做氛围包装和增值服务，并且这个增值服务不应该是这个商品所享有。这笔交易看似不平衡，但用户却非常乐意接受。

促销结合是一个灵活性较强的应用场景，利用氛围浓重的促销节日，天然就有情感基础造势。例如中秋节，定制化组合家人团圆礼包、朋友相聚礼包、送礼必备礼包等，根据交际关系的差异定制商品组合。一方面拉动整体订单的客单交易金额；另一方面高低频的商品结合可以推动低动销商品的流转，改善商品结构。

2. 情感包装不是道德绑架，需要高度合理化

道德绑架的本质是站在公众化认知的制高点提出不切实际的标准要求，给周围的人带来强大的心理压力。情感包装是前提，不是结果。作为平台方，我们能做的就是利用情感引导用户下单，而非单纯地为情怀买单而得不到任何实用价值。

情侣经济是一个很好的切入点，第二单半价、5·20 会员充值卡、满额即赠……通过情感引导用户消费，并且消费后可以产生更多的增值服务，这个过程都需要合理化。

（二）品类推荐的重点不只是商品

A 用户通过转账时的备注信息，B 用户找准商品下单。假设这个转账是 C 给 B 的，B 还会有购物行为吗？假设 A 备注的不是奶茶而是奶粉，B 会有购物行为吗？触达渠道有了，但触达源及触达内容缺一不可。

1. 基于熟人关系链的推荐

新零售的消费群体具备很强的密集性，一个前置仓或许是 1.5 公里范围商圈的小区供给源。这部分小区用户自然是高潜在用户群体，绝大部分用户都是邻居关系，有天然的信任存在。建立在熟人关系链的信任上，是提高新客和老客复购的必要前提。

社区团购和分销获客是两个不错的方向。团购和分销都是典型的存量竞争，基于已有的固定用户导流。我们通过 RFM 模型筛选 A 小区的 S 级用户，也就是小区买手，这个买手用户必须具备高活跃、强人脉及销售思维。小区用户通过买手团的信任推荐引导下单，我们同样会给买手每单的提点分成，这属于销售引导行为。

分销获客和社区团购的差异在于结果，分销获客的结果是做用户增长。找到 S 级用户后，分别给予一个专属二维码，正常用户通过扫描二维码下首单并且加入微信群，完成一系列动作后，同样会给予获客主 5~7 元的现金奖励。

2. 基于消费行为偏好的品类推荐

用户会去买奶茶，主要决策来自品类偏好。品类偏好是消费行为过程中常见的心理暗示，是通过品类提高导购效率。

基于 CRM 管理，我们标签化用户购买周期，用户购买客单定义品类偏好，并且根据不同阶段的用户制定投入差异化策略。假设一个品类，如生鲜瓜果，这个品类的均客单价在 50 元左右。同时，根据消费频率和客单范围把人群分为头部、腰部和底部三档。品类购买周期、购买客单，如表 6-1、表 6-2 所示。

表 6-1　品类购买周期、购买客单

	S	A	B
购买周期	2 次 / 周	1 次 / 周	2 次 / 月
购买客单价 / 元	80~100	50~80	30~50
品类举例：平均客单价 50 元的生鲜瓜果			

（1）头部用户弱触达 / 精细化关联品类

这部分用户 2 次 / 周的高消费水平，消费习惯已经趋于成熟。触达唤醒方式不用太明显，重点需要精细化品类分析。

表 6-2　品类偏好用户标签

购买周期	购买客单价 / 元	品类用户等级
S	S	头部
S	A	头部
S	B	腰部
A	S	头部
A	A	腰部
A	B	底部
B	S	腰部
B	A	底部
B	B	底部

A 用户通过 2 次 / 周的生鲜购买，每单包括 30% 的蔬菜、20% 的肉蛋、50% 的水果，其中水果以木瓜、柠檬为主，这是典型的居家时尚女性群体。在品类推荐上，除了 A 用户多次购买的品类，增加时令蔬菜（例如秋葵、山药等）、低脂肪肉类（例如鱼肉、鸡胸肉等）、低热量水果（例如蕃石榴、香瓜等）。反复衡量权重占比，找到一个最佳的客单产出，策略越细带动用户消费的转化率就越高。

（2）腰部用户强触达 / 品类促销丰富

这部分用户群体是平台占比最大、潜力最大的用户群体，属于典型的发展中用户且具备头部用户的潜质。除了强触达提醒，丰富的品类和促销机制也尤为重要。

品类的权重占比就不能像头部用户那样单纯地按照个人偏好设定，要考虑增加平台生鲜品类的动销率 TOP10 及优势供应链品类。营造一个丰富优质、选择多样的品类推荐。促销形式除了常规的满减满赠，还需要保持周期性和持续性，把用户下单频次提高，例如每周二下单立享 7 折、每周二下单免邮到家、周末冲单奖励等。可持续性的玩法必不可少，如社群营销、签到领券、消费积分都可以有效地拉动腰部用户的复购行为。

（3）底部用户心智习惯培养

底部用户的包袱是最多的。品牌黏性弱，购物行为少，心智打造自然是一个关键性话题。引流爆款强势品类是一个切入点，生鲜瓜果无论是时令季节品类还是网红热点款，搭配一个极具竞争力的价格，让用户了解并熟悉品类结构。

（三）从众心理变化到产品运营

广大网友的跟风是常态，在合适的时间参与某个看似并不合适的事件，最终不忘截图分享。整个事件能引发这么多人的共同参与且有条不紊，是几个关键因子在起作用，如共鸣、情感点、参与感、成就感，以及意外惊喜的利益刺激感，如图 6-7 所示。

1. 从单一参与转变为群体参与

情感点是第一个重要因素，“秋天里的第一杯奶茶”的第一因素自然是“爱情”，是 A 用户与 B 用户之间的“痒点”。平台运营同样有痒点，建立平台和用户之间的强关联，利用用户间的痒点进行发散。

主人态和客人态的参与程度不一样，主人态是发起方，客人态是接收方。主人态将“痒点”落地到分享传播上，客人态被动参与后得到成就感和荣誉感。从心理轨迹的转移到产品链路上的路径是一个完整的闭环。假如笔者发起一个拼多多的砍价，你只需点击助力就能获得满 90 元减 10 元的全品类券，你会参与吗？

群体参与的前提一定是“痒点”足够痒，有足够的毛利支撑这个优惠做到够大。店铺首页的满屏促销和优惠券，每个商品详情页的特定单品优惠券，都是氛围营造。社群营销的多用户是一个再好不过的强互动场景，发起任何形式的活动，点击参与，截图分享，从参与感、成就感到场景感一气呵成。

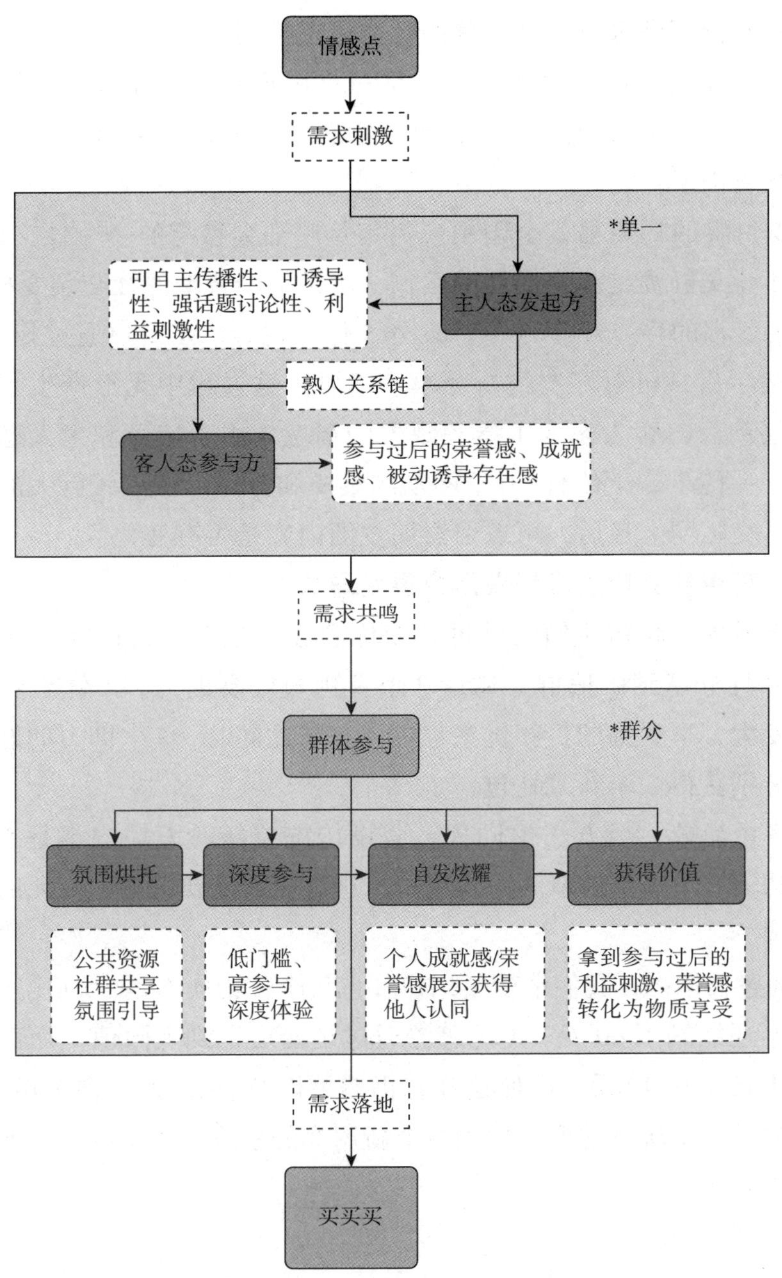

图 6-7　从众心理的关键因子

2. 从众模型等于一个完整的社交玩法模型

从众模型解释得很清楚，它是一个用户心理变化模型，同样等于一个完整的社交玩法模型，至少它具备完整的产品链路及不可或缺的运营因子。

支付宝的集五福是全国用户每年年底都会参与的一个社交玩法，不得不说集五福是一个成功的案例，也是一个典型的社交裂变模型。

集五福的痒点在于红包，瓜分 5 亿元现金。A 用户通过扫“福”得到福字后，可对好友进行分享和索要，这过程中无形产生了足够的传播动力，客人态为了凑齐缺失的福字，乐于接受和主人态进行交换。一传十、十传百,万千网友的索要和分享形成一张巨大的熟人关系链交际网。最后，可以留意朋友圈内容是否有变化。

3. 巧用社交玩法模型做用户裂变增长

新零售，起初我们尝试过裂变优惠券，主人态通过领取 A 优惠券，并且分享到微信群，邀请 3 个新用户好友助力，A 优惠券的面额会变大，享受到的折扣优惠也更多。与此同时，3 个助力的好友也可以分别获得 3 个新人礼包。

路径简单，但方法论同理。假设传统拉新的人均成本是 50 元，在玩法需求下需要获取 3 个新用户，这意味着需要花费 150 元的拉新总成本。

通过核销率，我们清楚新用户礼包每个核销成本是 30 元，150 元的成本还能剩下 60 元。A 优惠券通过裂变后达到上限值，面额的上限成本设定在 40 元，即使这样，仍然可以节省 20 元。整个过程中，我们通过社交玩法的形式拉动 3 个新用户的总成本为 130 元，而非当初的 150 元。

老板·创业			
一、经理人			
书名	内容	书名	内容
老总有想法，高层有干法 王清华　著	企业将、帅之间的定位问题、角色问题、方法问题、思维问题、管理问题等	**历史深处的管理智慧1：组织建设与用人之道** 刘文瑞　著	通过历史鉴照当今企业选人用人、二代接班人、创业团队管理等问题
历史深处的管理智慧2：战略决策与经营运作 刘文瑞　著	通过历史鉴照当今企业决策、战略规划、战略冒进、决策监督等问题	**历史深处的管理智慧3：领导修炼与文化素养** 刘文瑞　著	通过历史鉴照当今企业的领导修养、用权、管理风格等问题
老板经理人双赢之道 陈明　著	经理人怎么选平台、怎么开局，老板怎样选/育/用/留		
二、用人			
用好骨干员工 王敏　著	系统化分享关键人才打造与激励方法	**领导这样点燃你的下属** 孟广桥　著	领导者如何才能让员工积极主动地工作
让用人回归简单 宋新宇　著	帮助管理者抓住用人的要害，让用人变得简单	**激活新生代员工** 史量　孙斌　著	走进新生代的世界，一套行之有效的管理、激活90后、95后、00后的方法
三、转型·创业			
创业要过哪些坎 董坤　著	15年创业咨询经验总结的创业遇到的问题及办法	**高潜牛人** 董坤　著	创业和事业发展中如何找到牛人
成为下一个SaaS独角兽 崔牛会　主编	19位SaaS领专家，7个不同的视角总结SaaS行业实践	**创模式：23个行业创新案例** 段传敏　著	CEO社群23位企业家的思考与实践分享
重生——中国企业的战略转型 施炜　著	本书对中国企业战略转型的方向、路径及策略性举措提出了建议和意见	**7个转变，让公司3年胜出** 李蓓　著	企业估值、业务模式、营销、生产制造、客户服务、用户黏性、组织管理7个转变
企业二次创业成功路线图 夏惊鸣　著	五步骤给出了一幅企业二次创业经营突破、管理提升的成功路线图	**跟老板“偷师”学创业** 吴江萍　余晓雷　著	如何通过“偷师”学习与积累当老板的阅历
公司由小到大要过哪些坎 卢强　著	企业成长路线图，现在我在哪儿、未来还要走哪些路都清楚了	**跳出同质思维，从跟随到领先** 郭剑　著	66个精彩案例剖析，帮助老板突破行业长期思维惯性
极速增长：企业扩张策略 董坤　著	以“8shoes扩张法则”为思考框架，帮助处于这个阶段的创业公司及以创业公司形式孵化的变革型项目做出清晰的战略选择		
企业经营			
经营打造你的盈利系统 高可为　著	选择最有效的经营策略，打造属于自己的商业模式	**中国企业的觉醒** 王涛　著	企业告别自私、野蛮，转向善良、爱，才会赢得消费者
成为敏感而体贴的公司 王涛　著	未来有竞争力的企业，一定是那些敏感而体贴的公司	**有意识的思考** 王涛　著	对头脑中固有观念保持觉察，从而超越它们的局限
简单思考 孔祥云　著	著名咨询公司（AMT）CEO创业历程中的经验与思考	**写给企业家的公司与家庭财务规划** 周荣辉　著	以企业的发展周期为主线，介绍各阶段企业与企业主家庭的财务规划

续表

书名	内容	书名	内容
从10亿到100亿的企业顶层设计 刘建兆　著	重新定义企业成长方式，有效益、有效率、有效能、有效果、有品质的良性成长	**企业融资：投资人没告诉你的那些事** 杨军　著	资深投资人揭示融资“潜规则”，让企业有的放矢
宗：一位制造业企业家的思考 刘建兆　著	发展20年营业额近亿元制造业企业家的思考与心得	**使命：驱动企业成长** 高可为　著	用大企业发展轨迹及企业家的心路历程，揭示企业成长的基因、做事的逻辑
让经营回归简单 宋新宇　著	战略、客户、产品、员工、成长、经营者的经营法则	**边干边学做老板** 黄中强　著	86个案例讲述中小公司成长过程中遇到的问题和方法
盈利原本就这么简单 高可为　著	跨越业务与财务边界，为企业提高盈利水平提供方法	**战略参谋：写出管用的战略报告** 蔡春华　著	企业对自己、市场、行业其实了解更深，助你高质量完成战略规划
不战全胜：给企业家读的孙子兵法 王吉坤　杨伟霞　著	从《孙子兵法》提炼和总结了帮助企业打造行业龙头品牌的体系	**公司离不开的全栈运营高手：产品运营与推广获客** 王虎　著	涉及运营案例、思维理论、实操复盘、管理方式、推广策略等，是作者八年运营推广经验的浓缩
公域引流　私域经营：这样经营用户关系 王庆云　汪洋　著	为大中型企业提供私域建设的顶层和全景式框架，探索不同业务特性可能适配的不同私域模式	**平台生态：价值创造与价值获取** 彭毫　罗珉　著	厂商之间的竞争已经从产品转到平台，如何创造新的价值创造和获取模式，是企业最想得到的答案
合伙制经营：有效激励，而不丧失控制权 胡八一　著	重点阐述实施合伙制的流程，通过四步为企业家提供一种有效激励而不丧失控制权的工具和方法	**机制创造人才** 彭剑锋　尚艳玲　著	华夏基石专家团著作，为个体赋能，经营人成就人，进行机制创新和价值管理
管理·管理学			
一、企业管理			
让管理回归简单 宋新宇　著	从目标、组织、决策、授权、人才、老板自己等提供方案	**管理的尺度** 刘文瑞　著	西医式的体检化验，又要施加中医式的望闻问切
管理：以规则驾驭人性 王春强　著	人性驾驭角度权度运筹安排的可兑现性，管理有效性	**看电影，学管理** 刘文瑞　著	十六部电影的解读，揭示电影内含的管理之道
好管理　靠修行 曾伟　著	从佛法、道法思想中寻找管理智慧	**公司大了，怎么管** 金国华　著	成长型企业发展中的共性问题，通过案例实录解开
低效会议怎么改 王玉荣　葛新红　著	从梳理公司会议体系的层面改变低效会议的现状	**年初订计划年尾有结果** 郭晓　著	总结七步落地方案让战略计划切实落地实现
分股合心 段磊　周剑　著	围绕股权激励，详细介绍相关知识和实行方法	**员工心理学超级漫画版** 邢雷　著	以漫画形式对组织中个体心理的全面介绍和深入探讨
让投诉客户满意离开 孟广桥　著	投诉法律法规，应对各种投诉技巧等提升客诉能力	**管理就是定计划，抓落实** 张国祥　著	员工“看了就会、拿来就用”的计划制订操作指南
不读韩非子，怎么当老板 王春强　著	通过集中分析有关人性的内容，引导现代管理者更深理解人性是如何影响企业运行，以及管理者应如何因人性而实施管理	**重新想象组织** 彭剑锋　尚艳玲　著	华夏基石专家团著作，通过组织变革逐步进化，找到成长之道，让企业可持续发展

续表

书名	内容	书名	内容
战略管理有方法 和恒咨询　**著**	结合中国企业实践总结的一套独创性、实操性的战略方法，100+工具轻松做战略	**高管如何为公司创造高增长** 彭剑锋　尚艳玲　**主编**	战略驱动着企业成长，企业又该如何突破增长的瓶颈
供应链管理改善咨询：案例·方法·工具 于晓光　许忠宁　赵玭　**著**	掌握供应链改善结构化方法，实现准时交付和低运营成本		
二、管理思想			
管理学的奠基者 刘文瑞　**著**	近代以来的管理思想发展揭示管理思想的演化奥秘	**巴纳德组织理论研读** 郭威　**著**	深度研读巴纳德《经理人员的职能》，帮你理解和看懂
管理学在中国 刘文瑞　**著**	科学看待管理学流入中国，对继承发展进行深入的阐述	**德鲁克管理学** 张远凤　**著**	以德鲁克管理思想发展为线展示20世纪管理学的发展
德鲁克与他的论敌们 罗珉　**著**	德鲁克与马斯洛、戴明等诸多管理大师论战的故事	**德鲁克管理思想解读** 罗珉　**著**	全面解构德鲁克思想的精髓与实践价值
治论：中国古代管理思想 张再林　**著**	深入分析中国古代哲学基本精神的基础上，梳理分析了儒法墨三家的管理思想	**流程经理10年案例笔记** 王焕东　**著**	用自身工作和生活中的鲜活案例及思考后的心得呈现不一样的流程管理思想
透过决策看组织 李慧才　**著**	对西蒙管理行为进行贴近企业的通俗化解析和阐释	**为什么高管爱读德鲁克** 王鹏　**著**	辅助深读德鲁克、提升管理认知
营销·销售			
一、企业销售			
大客户销售这样说这样做 陆和平　**著**	大客户销售活动的十大模块，68个典型销售场景	**向高层销售** 贺兵一　**著**	销售人员与客户高层打交道需要重点掌握的知识、技巧
资深大客户经理 叶敦明　**著**	将大客户经理必须具备的规划、策略、执行三种能力运用自如	**成为资深的销售经理** 陆和平　**著**	让销售经理成功把握销售管理的6个关键点，并提供工具
销售是个专业活 陆和平　**著**	据客户采购流程拆分销售过程十阶段，讲解方法技巧	**学话术　卖产品** 张小虎　**著**	手机、电动车、家电、食品等消费品的一线销售话术
工程项目大客户销售攻略 陆和平　**著**	三十八讲循序渐进，全方位透视工程大项目拿单的奥秘，通俗易懂，看了就能用	**大客户销售谈判：获得利润的最快途径** 陆和平　**著**	从不会谈判到成为谈判专家，帮助你在与大客户的谈判中轻松说服对方，实现从一次成交、成本价成交到高价成交、持续成交的转变
二、企业营销			
新营销组织力 迪智成　**著**	适应最新数字化外部环境，系统化协同组织能力建设	**营销按钮** 老苗　**著**	讲述存在于人性及各个营销环节中的“按钮”
精品营销战略 杜建君　**著**	“精品营销战略”核心逻辑与营销组合策略	**360°谈营销** 王清华　古怀亮　**著**	营销是立体的，从不同角度观察不同企业的营销精髓
互联网精准营销 蒋军　**著**	互联网时代整体策划、包装品牌和产品	**招招见销量的营销常识** 刘文新　**著**	做好基本的营销动作都可以提高销量、降低成本

续表

书名	内容	书名	内容
用数字解放营销人 黄润霖　著	用数字说话覆盖营销工作的方方面面	**用营销计划锁定胜局** 黄润霖　著	让营销计划落地，营销人员只需解决两个问题：基数与概率
新营销2.0：从深度分销到立体连接 刘春雄　公方刚 牛恩坤　等著	立体连接打通三度空间，在互联网时代诞生快消品领域的超级巨头	**中国营销战实录** 联纵智达研究院　著	51个案例，46家企业，46万字，18年积淀
弱势品牌如何做营销 李政权　著	产品与物流通道、服务通道、促销互动通路，提供方法	**解决方案营销实战案例** 刘祖轲　著	十大工业品作者实操案例解码解决方案营销
升级你的营销组织 程绍珊　吴越舟　著	根据企业的实际情况建立有机性营销组织	**孙子兵法营销战** 刘文新　著	理解《孙子兵法》原意的同时，还可体悟到营销之用
老板如何管营销 史贤龙　著	十六个招式，理论与案例相结合，高段位营销方法	**渠道管理就这样做** 陆和平　著	渠道规划和设计、渠道成员选择和寻找、渠道谈判和签约、管理渠道日常活动、设计渠道激励政策、解决渠道冲突、渠道的评估和调整
三、品牌			
中国品牌营销十三战法 朱玉童　著	深度演绎最符合企业品牌营销策划的十三套实战战法	**中小企业如何打造区域强势品牌** 吴之　著	从如何建立强势品牌的角度解析扩张难题
小众战略：小资源打造强势品牌 吴修利　著	从品牌观念、市场调研、竞争机会、内部调整等角度，对产品、渠道、传播等核心原则进行了系统梳理	**把品牌建在顾客心里：4步实现品牌IP化** 张学军　著	让品牌自带话题，自主传播
四、营销策划			
这样写文案，就没有卖不动的产品 秦剑　刘安丽　著	术、法、道三个层面由浅至深培养商业文案创作能力	**洞察人性的营销战术** 沈坤　著	介绍了28个匪夷所思的营销怪招，大部分可以直接运用
双剑破局：沈坤营销策划案例集 沈坤　著	双剑公司8年来的实操案例，每个项目诞生过程、策划角度和方法	**社区团购就这么干：供应商•平台•团长•用户** 陈海超　杨顶刚　著	分享最新实践经验，一看就懂，照着就能做
企业案例			
鲁花：一粒花生撬动的粮油帝国 余盛　著	鲁花如何成长为优秀的带动农业产业发展的品牌，鲁花你一定学得会	**金龙鱼背后的粮油帝国** 余盛　著	以金龙鱼为脉的一部中国粮油行业的史诗
你不知道的加多宝 曲宗恺　牛玮娜　著	以时间为轴线，详细叙述了加多宝品牌的发展历程	**静水流深** 黄治国　著	作者在美的十五年对何享健内部讲话资料的整理
娃哈哈区域标杆 罗宏文　快车君 赵晓萌　寇尚伟　著	讲娃哈哈豫北市场如何成为娃哈哈全国第一大市场、全国增量第一的市场	**借力咨询：德邦成长背后的秘密** 官同良　王祥伍　著	德邦将自己积累的与咨询公司发展共赢的合作逻辑和盘托出
六个核桃凭什么从0过100亿 张学军　著	全视角深度解读养元企业的裂变成长，复盘十年蜕变轨迹	**像六个核桃一样** 王超　著	六个核桃为什么卖得这么好，产品畅销的6大要义36条简明法则

续表

书名	内容	书名	内容
中国首家未来超市 IBMG 集团　著	对乐城超市的掌门人及内部员工的采访详细阐释了乐城的经验	**三四线城市超市如何快速成长：解密甘雨亭** IBMG 集团　著	甘雨亭的许多关键经营指标均高于行业标准，学习其成功的方法
集团化企业阿米巴实战案例 初勇钢　著	作者在某酒厂推行阿米巴经营模式的心得		
经销商			
新经销：新零售时代教你做大商 黄润霖　著	探访近 100 位经销商在传统营销手法上的创新，传统营销微创新和新营销本地化	**商用车经销商运营实战** 杜建君　王朝阳 章晓青　著	对商用车经销商的经营与管理、4S 店运营做了全方面的总结
跟行业老手学经销商开发与管理 黄润霖　著	从管理耐用消费品经销商角度提炼了 48 个代表性问题并给出解决办法	**快消品经销商如何快速做大** 黄润霖　著	经销商如何通过经营实现规模，通过管理实现规模效益
建材家居经销商实战 42 章经 王庆云　著	经营管理的心法和战法，帮助经销商成为“业务妙手”和“管理能手”	**成为最赚钱的家具建材经销商** 李治江　著	针对建材家居行业的经销商，从销售模式、产品、门店、市场等方面给出方法
白酒经销商的第一本书 唐江华　著	对经销商如何选择厂家、合作、运营品牌等问题给出建议	**快消品招商的第一本书** 刘雷　著	从招商理论到招商动作进行系列化分解，化繁为简
大商方法：榜样经销商与厂家的合作之道 唐道明　著	洞察厂商合作的核心，为经销商提供可行的方法，手把手教你做大商	**快消品经销商成功密码** 舟谱商学院　著	通过 8 个真实经销商案例，分享快消品经销商成功经验与方法
中小企业			
中小企业如何打造区域强势品牌 吴之　著	从如何建立强势品牌的角度解析扩张难题	**用流程解放管理者** 张国祥　著	8 个板块构成，共 66 篇文章，14 幅流程管理图
用流程解放管理者 2 张国祥　著	对中小企业规范化流程管理进行系统的阐述	**弱势品牌如何做营销** 李政权　著	产品与物流通道、服务通道、促销互动通路提供方法
本土化人力资源管理 8 大思维 周剑　著	用最贴近中国中小企业现实管理情境的案例讲述周围人的“家事”	**中小农业企业品牌战法** 韩旭　著	农业企业需要全产业链视野，更需要品牌实战方法
门店管理			
门店销售冠军复制系统 王吉坤　著	门店型企业如何打造可复制的销售冠军系统	**新零售动作分解与实操：建材·家居·家具** 盛斌子　著	对泛家居行业趋势、店面管理、团队管理、促销推广、五感营销等提供策略
家具建材促销与引流 薛亮　李永锋　著	对泛家居营销执行模式和工具、关键环节等进行汇总	**建材家居门店 6 力爆破** 贾同领　著	产品力、导购力、形象力、推广力、服务力、组织力
家具行业操盘手 王献永　著	总结家具终端门店发展的现状及问题并给出策略	**手把手教你做专业督导** 熊亚柱　著	系统梳理督导的核心技能，岗位职责、工作流程及技能

续表

书名	内容	书名	内容
手把手帮建材家居导购业绩倍增 熊亚柱　著	针对建材家居门店的业务人员，用案例故事还原场景教你成为好导购	**10 步成为最棒的建材家居门店店长** 徐伟泽　著	梳理店长管理的核心工作职责、店面管理规范，帮助销售人员成长
建材家居门店销量提升 贾同领　著	9 个板块讲述建材门店一个单店如何做到经营的良性循环	**总部有多强大，门店就能走多远** IBMG 集团　著	五大方向综合阐述连锁零售企业总部如何提升管理能力
赚不赚钱靠店长，从懂管理到会经营 孙彩军　著	注重专卖店的经营思路拓展、门店管理细节方面能力的提升	**新医改了，药店就要这样开** 尚锋　著	从药店定位的思考，内部和会员管理等方面探讨中小型药店发展方向
电商来了，实体药店如何突围 尚锋　著	新时代药店经营的三驾马车：药学专业服务、会员贴心服务和精准定向促销	**引爆药店成交率 1：店员导购实战** 范月明　著	药店人的零售工作，怎样接待顾客，完善销售技巧
引爆药店成交率 2：药店经营实战 范月明　著	从药店经营角度建立改善门店现状的实用标准	**引爆药店成交率：专业化销售解决方案** 范月明　著	从简单的拿药服务到提供多角度的专业解决方案
口腔门诊盈利倍增：精益口腔 杨伟霞　王吉坤　著	为口腔门诊定制业绩提升管理系统并落地实施		
互联网			
一、互联网转型			
画出公司的互联网进化路线图 李蓓　著	18 个“可以……吗”的问题作为产品、客户和价值方面的指引牌	**7 个转变，让公司 3 年胜出** 李蓓　著	企业估值、业务模式、营销、生产制造、客户服务、用户黏性、组织管理 7 个转变
重生战略移动互联网和大数据时代的转型法则 沈拓　著	四个重生战略对应四个法则，告知传统企业的转型重生之路	**创造增量市场：传统企业互联网转型之道** 刘红明　著	为读者提供了寻找这些互联网的切入点和接触点的具体方法，带来增量市场
互联网+变与不变 本土管理实践与创新论坛　著	61 篇精华文章，聚焦传统行业如何互联网 + 时代转型	**今后这样做品牌** 蒋军　著	顶层设计、营销创新、产品战略、渠道变革、品牌策略
移动互联新玩法 史贤龙　著	立足现实，剖析新时代背景下的移动互联趋势与热点	**互联网时代的成本观** 程翔　著	多维组合成本的互联网精神和大数据特征及应用
正在发生的转型升级实践 本土管理实践与创新论坛　著	100 多位本土管理专家当年对最新一年的思考和实践	**1000 铁杆女粉丝** 张兵武　著	如何让普通女性成为忠实追随的铁杆粉丝，磁力点、情感结、甜蜜区、信任圈
混沌与秩序Ⅰ：变革时代企业领先之道 彭剑锋　施炜　苗兆光 王祥伍　孙波　夏惊鸣	新环境下企业面临变革应如何应对，企业家如何坚守并与企业共同成长	**混沌与秩序Ⅱ：变革时代管理新思维** 彭剑锋　施炜　苗兆光 王祥伍　孙波　夏惊鸣	对处于时代变革下的企业管理新机制、人力资源管理新思维，组织与人的新型关系，结合案例提出优化建议
消费升级：实践·研究 本土管理实践与创新论坛　著	从经营、管理、行业三个方面记录消费升级下的实践	**互联网精准营销** 蒋军　著	互联网时代整体策划、包装品牌和产品
智能推荐：让你的业务千人千面 刘国昊　周波　著	从资讯、电商、文娱行业来详细讲解智能推荐的应用，用户时间的争夺战	**制造业外贸营销网站建设** 宋金亮　著	介绍整个网站从无到有的实现过程，从分析思路、撰写内容到规划页面，列举了大量正反面实例，帮助读者理解和投入实践

续表

书名	内容	书名	内容
零售巨头数字化转型操盘笔记 江楠　著	一线操盘运营经理分享传统零售巨头的新零售到家业务全盘操作细节		
二、抖音、微信微商、电商			
书名	内容	书名	内容
抖音营销系统 刘大贺　著	抖音系统的实战营销知识，上百个从0做大的案例	**金牌微商团队长** 罗晓慧　著	微商团队长创业实操的指导工具书
微商生意经：真实再现33个成功案例操作全程 伏泓霖　罗晓慧　著	精心挑选的33个微商成功案例，阐述具体操作过程	**快速见效的企业微信营销方法** 孙巍　著	站在微信生态的立体高度系统讲述企业微信快营销方法论
阿里巴巴实战运营：14招玩转诚信通 聂志新　著	产品定位、阿里巴巴排名因素、数据分析、标题优化等	**阿里巴巴实战运营2：诚信通热卖技巧** 聂志新　著	打开诚信通运营的金钥匙，十大具体运营技巧
三、行业新营销			
餐饮新营销 杨勇　程绍珊　著	聚焦餐饮企业转型，系统的餐饮企业营销管理体系	**新零售进化路径** 李政权　著	预先复盘新零售及商业的未来，找到方向
珠宝黄金新营销 崔德乾　著	珠宝业新营销/新品牌/新产品/新零售/新连接/新场景/新服务/新传播/新管理	**新经销：新零售时代教你做大商** 黄润霖　著	探访近100位经销商在传统营销手法上的创新，传统营销微创新和新营销本地化
新零售动作分解与实操：建材·家居·家具 盛斌子　著	对泛家居行业趋势、店面管理、团队管理、促销推广、五感营销等提供策略	**新营销** 刘春雄　著	让品牌商和渠道商掌握获得独立流量的能力，能够与平台商博弈
快速见效的企业网络营销方法 B2B　大宗 B2C 张进　著	数据和案例90%来自作者服务的中小企业，快速全面地学习企业网络营销方法	**移动互联下的超市升级** 联商网专栏　著	超市未来的发展趋势，对社区超市、生鲜、全渠道建设、O2O等提出观点
百货零售全渠道营销策略 陈继展　著	零售行业的竞争重点、行业本质、战略转型、未来趋势、经验和案例	**互联网时代的银行转型** 韩友诚　著	银行业在互联网金融变革浪潮中所做的积极应对和转型布局
触发需求：互联网新营销样本·水产 何足奇　著	通过鲜誉案例解读阐述水产行业如何进行互联网转型	**新农资如何弯道超车** 刘祖轲　著	从农业产业化、互联网转型、行业营销与经营突破四个方面阐述农资企业转型
新零售　新终端 迪智成　著	将新零售系统打法做梳理并落地在新终端建设上		
医药医疗			
一、药店			
新医改了，药店就要这样开 尚锋　著	从药店定位的思考、内部和会员管理等方面探讨中小型药店发展方向	**电商来了，实体药店如何突围** 尚锋　著	新时代药店经营的三驾马车：药学专业服务、会员贴心服务和精准定向促销
引爆药店成交率1：店员导购实战 范月明　著	药店人的零售工作，怎样接待顾客，完善销售技巧	**引爆药店成交率2：药店经营实战** 范月明　著	从药店经营角度建立改善门店现状的实用标准
引爆药店成交率：专业化销售解决方案 范月明　著	从简单的拿药服务到提供多角度的专业解决方案	**连锁药店新风口：资本　智能　大数据** 动脉网　著	对我国连锁药店的市场环境、行业现状等进行分析，给出对连锁药店未来发展趋势的预判
药店导购关联销售技巧与成交话术 范月明　著	以药店情景案例导入，介绍常见疾病的导购销售话术与顾客心理分析，进而提供关联销售解决方案		

续表

书名	内容	书名	内容
二、药品销售			
书名	**内容**	**书名**	**内容**
医药第三终端：从控销到动销 诊所 基层医疗 王祥君 张芳文 著	用大量案例来梳理药企落地动销的策略、方法和技战术	**医药营销：诊所开发维护与动销** 张江民 著	从六个方面系统阐述基层诊所市场营销攻略
处方药合规推广实战宝典 赵佳震 著	对处方药推广体系搭建、推广人员岗位内容等六个方面进行阐述	**医药代理商经营全指导** 戴文杰 著	从产品选择、价格体系设计、路径管理等维度描述代理商产品操作的基本策略
处方药零售这样做 田军 著	处方药零售的重要性及做市场的具体措施和方法	**OTC 医药代表药店开发与维护** 鄢圣安 著	一位从初级 OTC 医药销售代表成长起来的销售经理的经验分享
OTC 医药代表药店销售 36 计 鄢圣安 著	以《三十六计》为线，阐述 OTC 医药代表向药店销售的技巧与策略	**做医生信赖的医药代表** 邹晓徽 宁剑锋 朱文虎 著	医药代表如何在合规要求下做好药品推广工作的操作工具书
三、药企转型			
药企战略·运营与医药产业重构 杜臣 著	医药产业的深度认知与发展趋势结合，战略思考与经营操作相统一	**医药行业大洗牌与药企创新** 林延君 沈斌 著	围绕创新介绍医药行业，介绍近百家医药企业创新实践案例
医药新营销 史立臣 著	从药企最关心的八个方面阐述制药企业、医药商业企业营销模式转型	**医药企业转型升级战略** 史立臣 著	从商业模式转型、管理转型、定位转型、运营模式转型和跨界转型五方面阐述转型
新医改下的医药营销与团队管理 史立臣 著	立足新医改相关政策的解读，为中小医药企业出谋划策	**在中国，医药营销这样做** 段继东 著	时代方略在医药营销领域思想、方法文章的精选合集
四、新医疗			
成为医疗器械领军者 王强 著	中小医疗器械生产企业和代理商怎样转型	**新型诊所经营与创新** 动脉网 著	对新型诊所从标准化管理、经营方式、团队建设、连锁模式四个方面进行解读
医美新风口：颜值经济下的亿万市场 动脉网 著	详细介绍中国医疗美容行业的发展趋势、现状及医美产业链等	**互联网医院：正在发生的医疗新变革** 动脉网 著	介绍互联网医院的建设与运营、管理，发展模式和市场布局，以及发展规律
快消品			
一、快消案例			
中国快消品营销这些年 史贤龙 著	一本书浓缩快消品营销 15 年的实战历程与前沿思考	**这样打造大单品** 迪智成 著	通过 13 个大案例帮助企业梳理打造大单品的路径
你不知道的加多宝 曲宗恺 牛玮娜 著	以时间为轴线，详细叙述了加多宝品牌的发展历程	**娃哈哈区域标杆** 罗宏文 快车君 赵晓萌 寇尚伟 著	娃哈哈豫北市场如何成为娃哈哈全国第一大市场、全国增量第一的市场
六个核桃凭什么从 0 过 100 亿 张学军 著	全视角深度解读养元企业的裂变成长，复盘十年蜕变轨迹	**像六个核桃一样** 王超 著	六个核桃为什么卖得这么好，产品畅销的 6 大要义 36 条简明法则

续表

书名	内容	书名	内容
5小时读懂快消品营销 陈海超　著	20年快消品市场风云洞察解码，丰富的案例解析		
二、快消品区域经理			
快消品营销团队管理 刘雷　伯建新　著	快消品团队管理相关的20余个工具+20余个案例	**这样打造快消品区域标杆** 罗宏文　牛玉龙　著	分两篇解决如何成功打造标杆市场和进行持续增量管理两大问题
成为优秀的快消品区域经理（升级版） 伯建新　著	作为区域经理的“速成催化器”，升级版增加11篇内容	**快消老手都在这样做：区域经理操盘锦囊** 方刚　著	一线成长起来的资深快消品营销人“压箱底”绝活
快消品营销人的第一本书 刘雷　伯建新　著	针对一线厂家业务员工作中常遇到的问题给予建议	**销售轨迹：一位快消品营销总监的拼搏之路** 秦国伟　著	一个普通营销人的故事，16年背井离乡的职场拼搏之路
快消品营销：一位销售经理的工作心得2 蒋军　著	从市场操作、团队管理、传播推广、营销的具体策略和战略等方面提供方法	**快消品区域/城市经理全渠道管理** 许翔　著	一位在日化巨头一线打拼多年的城市经理操作经验分享
三、快消品动销			
动销：产品是如何畅销起来的 余晓雷　著	从怎么被消费者买走和竞争对手是谁这两个原点解决动销问题	**动销操盘：节奏掌控与社群时代新战法** 朱志明　著	用七个章节阐述关于动销操盘的要诀，节点、节奏、主次、条件匹配性等问题
动销四维：全程辅导与新品上市 高继中　著	从产品、渠道、促销和新品上市四个方面详细讲解提高动销的具体方法	**快消品经销商这样做才赚钱** 张宇　著	从全新的角度，解读经销商的经营困境，并提供可实操的解决方法
快消新产品成功上市 伯建新　著	新产品是什么？新产品该如何去做？新产品要如何销起来，长销而不是昙花一现？本书给你答案		
四、快消品渠道			
深度分销 施炜　著	渠道价值链、模式选择、渠道策略与管理、零售经销商管理、最佳实践、团队建设	**通路精耕操作全解** 周俊　陈小龙　著	对康师傅的制胜法宝通路精耕进行系统的介绍与说明，图表和完善入微的操作方法
酒水饮料快消品餐饮渠道营销手册 朱伟杰　著	对餐饮渠道深入挖掘，建立适合餐饮渠道发展的服务模式和组织保障措施	**快消品经销商如何快速做大** 杨永华　著	经销商如何通过经营实现规模，通过管理实现规模效益
快消品营销与渠道管理 谭长春　著	解决日常涉及的渠道管理、市场、产品等营销事务	**快消品招商的第一本书** 刘雷　著	从招商理论到招商动作进行系列化分解，化繁为简
采纳方法：化解渠道冲突 朱玉童　著	21个最新的渠道冲突案例立体地介绍渠道冲突的现象和方法	**快消品促销管理与方案：规划 技能 工具** 张荣举　著	涵盖促销规划、打法、具体落地执行的细节和终端人员技能及训练，结合线上线下运作，提供全套方法
五、快消品企业战略			
重构：升级你的竞争优势 杨永华　著	用7大思维，帮你的企业提升档位	**变局下的快消品实战策略** 杨永华　著	从5个角度针对快消品企业如何应对行业变局给出答案
新营销 刘春雄　著	让品牌商和渠道商掌握获得独立流量的能力，能够与平台商博弈	**采纳方法：破解本土营销8大难题** 朱玉童　著	破解困扰营销人的八大难题，给出解决方法
白酒营销培训宝典：复制高业绩 刘孝鞅　著	总结白酒营销人员系统运作市场的要点，转化为易学可复制的动作和工具表单	**酒水饮料快消品餐饮渠道营销手册** 朱伟杰　著	对餐饮渠道深入挖掘，建立适合餐饮渠道发展的服务模式和组织保障措施

续表

书名	内容	书名	内容
白酒			
书名	内容	书名	内容
白酒营销的第一本书 唐江华　著	多角度阐释白酒一线市场操作的最新模式和方法	**白酒经销商的第一本书** 唐江华　著	对经销商如何选择厂家、合作、运营品牌等问题给出建议
白酒到底如何卖 赵海永　著	多角度阐释白酒一线市场操作的最新模式和方法	**白酒到底如何卖2：从市场培育到动销** 赵海永　著	系统化、标准化、模式化的促成动销的实战操作方式和方法
变局下的白酒企业重构 杨永华　著	白酒企业重构期的营销战略与实操策略6大方法	**酒业转型大时代** 微酒　著	酒水营销、新闻资讯及行业分析、预测的知识宝典
区域型白酒企业营销必胜法则 朱志明　著	以36条法则从战略、营销、推广、产品线、品牌、市场、战术等方面提供方法	**10步成功运作白酒区域市场** 朱志明　著	从市场攻守、产品攻略、新品上市、占领渠道、促销等十个层面阐述
白酒营销1：中小酒企操盘与崛起 徐伟　徐涛　著	深入分析品牌与行业、操作方法，提供营销实操宝典	**白酒营销2：品类创新策略升级** 黑格咨询　著	立足行业现状，建立品类创新、营销模式创新路径，提供市场建设方法、营销策略与工具案例
茶·调味品·油·乳业			
营销中国茶：2小时读懂茶叶营销 史贤龙　著	中国茶营销的“困局”“破局”和“创举”	**中国茶叶营销第一书** 柏龑　著	纵览中国茶叶市场的全局，并且有针对性地提出问题并阐述解决方法
调味品营销第一书 陈小龙　著	15年监控中国市场50个中外著名调味品品牌市场运作、管理等的经验总结	**调味品企业八大必胜法则** 张戟　著	提炼了调味品企业八大规律性的关键成功要素
食用油营销的第一本书 余盛　著	从小包装油行业概述到产品的基本知识，从基本执行动作到品牌整体策划等	**鲁花：一粒花生撬动的粮油帝国** 余盛　著	鲁花如何成长为优秀的带动农业产业发展的品牌
金龙鱼背后的粮油帝国 余盛　著	以金龙鱼为脉的一部中国粮油行业的史诗	**乳业营销的第一本书** 侯军伟　著	区域型乳品企业如何才能稳健发展
调味品经销商公司化运营 张戟　著	调味品和快消品经销商如何从“个体户”到“公司化”，一步步推进的具体方法		
工业品			
一、工业品销售			
大客户销售这样说这样做 陆和平　著	大客户销售活动的十大模块，68个典型销售场景	**销售是个专业活** 陆和平　著	据客户采购流程拆分销售过程十阶段、讲解方法技巧
成为资深的销售经理：B2B工业品 陆和平　著	让销售经理成功把握销售管理6个关键点，并提供工具	**一切为了订单：订单驱动下的工业品营销实践** 唐道明　著	以订单流程的三个环节为主线讲述工业品营销管理新思路
订单是这样拿到的 郑文洲　著	作者近10年销售生涯的回顾，真实销售故事和成功经验分享		
二、工业品营销			
工业品营销管理实务（第4版） 李洪道　著	是信任导向工业品营销体系的深化版、工业品营销管理体系优化咨询的升级版	**工业品企业如何做品牌** 张东利　著	为当下中国制造的品牌化转型提供经过实践证明的理念、方法和体系

续表

书名	内容	书名	内容
工业品市场部实战全指导 杜忠　著	解决职能不清、市场部五大职能如何运作、职业发展路径等具体问题	**解决方案营销实战案例** 刘祖轲　著	十大工业品作者实操案例解码解决方案营销
资深大客户经理：策略准　执行狠 叶敦明　著	将大客户经理必须具备的规划、策略、执行三种能力运用自如	**渠道管理就这样做** 陆和平　著	渠道规划和设计、渠道成员选择和寻找、渠道谈判和签约、管理渠道日常活动、设计渠道激励政策、解决渠道冲突、渠道的评估和调整
三、工业品企业			
变局下的工业品企业7大机遇 叶敦明　著	探索工业品企业成长的新机会，7大战略与战术性机会	**两化融合管理体系贯标流程与方法** 戴勇　著	融合五十多家企业在两化融合贯标过程的经验，总结重点与举措
丁兴良讲工业4.0 丁兴良　著	多角度阐述中国在工业4.0的机遇和挑战		
建材家居			
一、建材家居门店			
家居建材促销与引流 薛亮　李永锋　著	对泛家居营销执行模式和工具、关键环节等进行汇总	**新零售动作分解与实操：建材·家居·家具** 盛斌子　著	对泛家居行业趋势、店面管理、团队管理、促销推广、五感营销等提供策略
家具行业操盘手 王献永　著	总结家具终端门店发展的现状及问题并给出策略	**手把手教你做专业督导** 熊亚柱　著	系统梳理督导的核心技能、岗位职责、工作流程及技能
手把手帮建材家居导购业绩倍增 熊亚柱　著	针对建材家居门店的业务人员、案例故事还原场景，教你成为好导购	**10步成为最棒的建材家居门店店长** 徐伟泽　著	梳理店长管理的核心工作职责、店面管理规范和帮助销售人员成长
建材家居门店销量提升 贾同领　著	9个板块讲述建材一个单店如何做到经营的良性循环	**建材家居门店6力爆破** 贾同领　著	产品力、导购力、形象力、推广力、服务力、组织力
二、建材家居经销商			
新经销：新零售时代教你做大商 黄润霖　著	探访近100位经销商在传统营销手法上的创新，传统营销微创新和新营销本地化	**建材家居经销商42章经** 王庆云　著	经营管理的心法和战法，帮助经销商成为“业务妙手”和“管理能手”
成为最赚钱的家具建材经销商 李治江　著	针对建材家居行业的经销商，从销售模式、产品、门店、市场等方面给出方法		
三、建材家居企业			
定制家居黄金十年 韩锋　翁长华　著	对中国定制家居行业20年发展历程进行深度、系统、专业的解读	**建材家居营销：除了促销还能做什么** 孙嘉晖　著	探索家居建材行业营销的革命，发现行业“营销天花板”的突破口
建材家居营销实务：新环境、新战法 程绍珊　杨鸿贵　著	针对建材家居市场特点提出以客户价值为基础的整体营销价值链	**全屋整装　高利润运营手册** 翁长华　陈平　著	十大维度解决实际问题，是0到1极具操作性的整装指南
零售·餐饮·服装·影院·美容院			
新零售进化路径 李政权　著	预先复盘新零售及商业的未来，找到方向	**新零售　新终端** 迪智成　著	梳理新零售系统打法并落地在新终端建设上

续表

书名	内容	书名	内容
移动互联下的超市升级 联商网　著	超市未来的发展趋势，对社区超市、生鲜、全渠道建设、O2O 等提出观点	百货零售全渠道营销策略 陈继展　著	零售行业的竞争重点、行业本质、战略转型、未来趋势、经验和案例
超市卖场定价策略与品类管理 IBMG 集团　著	零售企业的市场拓展与商品定位、商品结构与商品陈列、毛利分析与库存分析	连锁零售企业招聘与培训破解之道 IBMG 集团　著	围绕零售企业组织架构、培训体系建设等内容进行探讨
总部有多强大，门店就能走多元 IBMG 集团　著	五大方向综合阐述连锁零售企业总部如何提升管理能力	三四线城市超市如何快速成长：解密甘雨亭 IBMG 集团　著	甘雨亭的许多关键经营指标均高于行业标准，学习其成功的方法
中国首家未来超市：解密安徽乐城 IBMG 集团　著	对乐城超市的掌门人及内部员工的采访详细阐释了乐城的经验	零售：把客流变成购买力 丁昀　著	通过大量的实际案例对中国零售业态的升级转型之路提出思考
餐饮新营销 杨勇　程绍珊　著	聚焦餐饮企业转型，系统的餐饮企业营销管理体系	电影院的下一个黄金十年 李保煜　著	介绍了中国电影产业的运作模式及电影院的开发、设计思路
餐饮企业经营策略第一书 吴坚　著	阐述餐饮企业产品之道、市场之道、顾客之道及盈利之道	赚不赚钱靠店长，从懂管理到会经营 孙彩军　著	注重专卖店的经营思路拓展，门店管理细节方面能力提升
时装买手自学通 范敏娜　编著	从流行趋势调研、商品企划、采购渠道、数据管理到店铺销售等时装买手需要具备的能力与操盘技巧	美容院/养生馆高盈利经营模式 陈鹏飞　著	5 步实现店铺高盈利方法与策略
零售巨头数字化转型操盘笔记 江楠　著	一线操盘运营经理分享传统零售巨头的新零售到家业务全盘操作细节		
农牧业			
一、农资			
饲料营销有方法 陈石平　著	饲料营销的 7 大核心命题	农资营销实战全指导 张博　著	在农资市场行之有效的营销策略和工具
新农资如何弯道超车 刘祖轲　著	农业产业化、互联网转型、行业营销与经营突破		
二、农牧企业			
中国牧场管理实战 黄剑黎　著	对牧场管理标准、管理制度、操作规程做出剖析和指引	中小农业企业品牌战法 韩旭　著	农业企业需要全产业链视野，更需要品牌实战方法
变局下的农牧企业 9 大成长策略 彭志雄　著	为农牧企业量身打造了 9 个立足现在、展望未来的成长策略	农产品营销实战第一书 胡浪球　著	针对 33 个农产品营销的核心问题提供具体招数
农产品全网营销 吴之　著	帮助全国农业合作社、家庭农场打造农产品品牌		
地产·汽车			
一、地产			
中国城市群房地产投资策略 吕俊博　刘宏　著	挖掘主要城市群的现状特征、发展因子、演化趋势、竞争关系等，给出分析建议	产业园区/产业地产：规划、招商、实战运营 阎立忠　著	从认知、规划、招商、运营四方面系统解读产业园区的建设精要和运营技巧
人文商业地产策划 戴欣明　著	“全球化视野（创意）”+“人文+”思维	产业园区/产业地产 2：系统化经营与操盘攻略 阎立忠　著	全方位系统解析产业园区运营策略

续表

书名	内容	书名	内容
从零开始打造产业园区 刘晓君　著	全流程，系统化，注重细节，多角度教你打造产业园区		
二、汽车			
书名	内容	书名	内容
商用车经销商运营实战 杜建君　著	对商用车经销商的经营与管理、4S店运营做了全方面的系统总结	**汽车配件这样卖** 俞士耀　著	适合轮胎、机油、维修、快保、美容、洗车等汽车服务业态销售实操办法
润滑油销售：这样说，这样做更有效 张金荣　著	总结润滑油销售面对三大客户常遇到的200余个营销问题解决方法	**润滑油品牌营销** 张金荣　著	没有说教，只有方法，适合小微企业、代工品牌、经销商、营销人阅读
投资理财·收购资本			
交易心理分析 马克·道格拉斯 【美】　著	一语道破赢家的思考方式，并提供了具体的训练方法	**财报背后的投资机会** 蒋豹　著	零基础轻松掌握财务报表的相关知识，快速入门
写给企业家的公司与家庭财务规划 周荣辉　著	以企业的发展周期为主线，介绍各阶段企业与企业主家庭的财务规划	**分股合心** 段磊　周剑　著	围绕股权激励，详细介绍相关知识和实行方法
成功并购300问 浩德并购军师联盟　著	系统学习资本运作和企业并购知识的金融工具书	**并购名著阅读指南** 叶兴平　著	从全球5000多本并购图书中精选200本并进行评价
避开股权合伙这些坑 苏雯静　著	根据创始合伙人、外部合伙人、内部合伙人等方面的实际案例做归纳和梳理	**产业并购操盘手** 张军杰　著	15个案例，11个范本，38个图表，拿来即用
科创板IPO上市全流程指导 丁先云　刘海旭　著	不仅有各项制度的深入剖析，更有各种问题和解决方案的详细论述，配合案例，轻松操作	**市值战略：上市公司市值管理有方法** 和恒咨询　著	正确理解，系统规划，全面执行市值战略。从“势道法术力”五个维度思考和设计市值战略
阿米巴			
阿米巴经营的中国模式 李志华　著	基于阿米巴经典理念提出了适合中国本土的员工自主经营的“1532”模型	**集团化企业阿米巴实战案例** 初勇钢　著	作者在某酒厂推行阿米巴经营模式的心得
中国式阿米巴落地实践之激活组织 胡八一　著	划分原则、裂变与整合、组织管控、重新定位、巴长竞聘和组阁	**中国式阿米巴落地实践之从交付到交易** 胡八一　著	从6个方面阐述经营会计，从交付到交易是成功实施阿米巴的标志
中国式阿米巴落地实践之持续盈利 胡八一　著	企业做成平台、平台做成阿米巴、阿米巴做成合伙制		
人力资源管理			
一、绩效·薪酬			
回归本源看绩效 孙波　著	从目的和概念帮助企业梳理绩效管理与经营的关系	**走出薪酬管理误区** 全怀周　著	从7个常见的薪酬误区入手为企业提供一套系统解决方法
曹子祥教你做绩效管理 曹子祥　著	作者核心授课课程的还原，掌握绩效管理的核心内容	**曹子祥教你做激励性薪酬设计** 曹子祥　著	作者28年咨询经验总结，如何进行科学的薪酬体系设计
把招聘做到极致 远鸣　著	资深招聘经理多年工作心得的提炼	**把招聘做到极致2：灰度招聘全攻略** 黄渊明　李佳倩　著	从实战需求出发，兼容并包各种优秀的招聘理论、方法、经验与工具，并进行创新性的应用

续表

书名	内容	书名	内容
二、招聘·面试·培训			
把面试做到极致 孟广桥　著	一套实用的确定岗位招聘标准，提升面试官技能方法	**世界500强资深培训经理人教你做培训管理** 陈锐　著	构建培训体系、培训组织、培训文化、开发培训资源，教你做培训管理
把猎头做到极致 李佳倩　黄渊明　著	帮助猎头顾问从平庸走向优秀	**招聘面试：用提问得到真相** 陈硕　著	十二年资深HR招聘面试经验分享，教你学会如何提问
人才评价中心漫画版 邢雷　著	用漫画形式写成的人才测评专业书籍	**上市公司培训体系搭建** 初忠宝　著	上市公司培训经理分享体系搭建的框架和案例
三、HR高管·劳动法			
经营型HRD 黄渊明　著	总结企业HRD如何支撑企业经营，抓好七件关键事情	**人才供应链：实现高绩效均衡的人才管理模式** 许锋　著	打造人才供应链的四大支柱、十项修炼的完整体系
新任HR高管如何从0到1 新海　著	到互联网创业型企业担任HRVP，从0到1建立较完善的HR体系	**人力资源体系与e-HR信息化建设** 刘书生　陈莹　王美佳　著	6大框架、28个关注点、5大目标、6大优势、166个交付物咨询体系和盘托出
集团化人力资源管理实践 李小勇　著	针对集团型企业人力资源管理的问题提出科学建议	**我的人力资源管理笔记** 张伟　著	第三方咨询视角跳出"技术方法"看人力资源管理
人力资源的5分钟劳动法 李皓楠　著	入职管理、在职管理、离职管理中遇到的劳动法问题及应对	**海外人力资源管理：帮企业成功"走出去"** 黄渊明　著	弥补了中国企业海外人力资源管理实践体系建设的空白，具有开创性意义
从零开始学：胜任力模型建模与应用 林丽萍　著	手把手教你做胜任力建模，并通过大量的企业案例拆解介绍模型在各个方面的落地应用	**上市公司总经理助理工作笔记** 黄娜　著	40个案例，教你从小白助理到资深总助
用好任职资格体系 杨序国　著	以某企业为案例，系统地介绍了企业HR如何通过任职资格体系帮助员工成长	**胜任力模型咨询笔记** 韩文卿　著	吸取和总结了世界500强企业的胜任力模型搭建体系和方法
四、HRBP			
HRBP是这样炼成的之菜鸟起飞 黄渊明　著	作者在初步转型HRBP两年时间里摸索实践的亲身经历与总结	**HRBP是这样炼成的之中级修炼** 黄渊明　著	结合作者亲身从事HRBP的工作经历，总结HRBP的作战故事
HRBP高级修炼 黄渊明　著	故事方式，HRD角度深度呈现运用HRBP的思维、方法		
企业文化			
企业文化落地本土实践 王祥伍　著	华夏基石"知信行"模型描绘企业文化落地路线图	**企业文化的逻辑** 王祥伍　著	从文化起源深刻剖析文化、效率、企业、企业文化联系
企业文化定位·落地一本通 王明胤　著	企业文化理念传播和落地聚焦的17种方法，解读了近100个实战案例	**36个拿来就用的企业文化建设工具** 海融心胜　著	汇集整理了36个通用的企业文化实践工具
企业文化激活沟通 宋杼宸　安琪　著	系统阐述沟通与企业文化的关系，给予企业提升沟通效能的企业文化解决方案	**企业文化建设超级漫画版** 邢雷　著	用漫画形式写成的企业文化建设专业书籍，理论体系和29个具体的操作方法
在组织中绽放自我 朱仁建　著	个人与组织之间的关系，文化对组织化形成的影响	**用企业文化提升经营绩效** 彭剑锋　尚艳玲　主编	企业要想在竞争中利于不败之地，就不能没有能打胜仗的企业文化与领导力
流程管理			
营销·研发·供应链业务架构与流程管理 谭勋晖　著	营销、研发、供应链三大业务流程变革实践经验总结	**打造集成供应链** 王春强　著	第一用力在"集成"上，梳理内外部相关模块及其依赖关系
人人都要懂流程 金国华　余雅丽　著	50幅流程管理漫画，内部对流程价值理念的高度共识	**用流程解放管理者** 张国祥　著	8个板块构成，共66篇文章，14幅流程管理图
用流程解放管理者2 张国祥　著	对中小企业规范化流程管理进行系统的阐述	**跟我们学建流程体系** 陈立云　罗均丽　著	在《跟我们做流程管理》的基础上丰富了标杆实践案例

续表

质量管理			
书名	内容	书名	内容
16949 质量管理体系落地与全套文件汇编 谭洪华　著	对 IATF16949 每个条款讲解采用理解、作用、落地、模板、成功案例模块解析	**ISO9001：2015 制造业文件模板全集** 贺红喜　著	五篇内容组成的完整的质量管理体系工具文件
精益质量管理实战工具 贺小林　著	四个方面对精益质量管理进行了全方位介绍和解读，并提供大量的方法工具	**五大质量工具详解及运用案例** 谭洪华　著	APQP、FMEA、MSA、SPC、PPAP 五大质量工具的具体运用
IATF16949 质量管理体系详解与案例文件汇编 谭洪华　著	针对 IATF16949 的标准原文做详细解说，同时提供大量的表单案例	**SA8000：2014 社会责任体系认证实战** 吕林　著	将 SA8000 多版本及 10 多年的体系实战经验汇编成书
ISO9001：2015 新版质量管理体系解读与案例文件汇编 谭洪华　著	对 ISO9001：2015 新版标准理解和运用操作进行详细解读	**ISO14001：2015 新版环境管理体系解读与案例文件汇编** 谭洪华　著	ISO14001：2015 改版后的差别和操作运用进行详细讲解
我在世界 500 强做供应商质量管理 宋华　著	分享汽车行业成熟的供应商质量管理体系和方法，都是作者的亲身经历	**ISO45001 职业健康安全管理体系落地＋全套案例文件** 谭洪华　著	每个条款清晰讲解，内容完全落地，轻松运用
五大质量工具之 FMEA（2019 第五版）详解及运用落地 谭洪华　著	对 2019 年 6 月修订的第五版 FMEA 标准进行详解，提供落地操作方法和全部案例文件，可直接套用		
精益生产			
一、精益·JIT·IE			
精益思维：超越对手的力量 刘承元　著	以尊重人性的精益思想为切入点，分别从管理者的精益理念、精益思维、精益实践、精益中国制造等方面进行独到的分析	**比日本工厂更高效** 刘承元　著	管理提升无极限＋超强经营力＋精益改善里的成功实践
计划与物流精益改善之道 于晓光　著	围绕“计划与物流战略咨询的方法论”进行解析，提供方法论和案例	**300 张现场图看懂精益 5S** 乐涛　著	通过日本丰田、上市企业案例，用 300 张现场图系统讲解 5S 管理
3A 顾问精益实践 1：IE 与效率提升 党新民　苏迎斌 蓝旭日　著	系统、全面地介绍 IE 工厂管理技术，提高效率创造价值	**3A 顾问精益实践 2：JIT 与精益改善** 肖智军　党新民　著	系统、全面地介绍 JIT 生产方式，并加入实践案例
高员工流失率下的精益生产 余伟辉　著	从三方面论述推行精益管理时如何应对员工流失	**让员工爱上 6S 管理** 肖智军　著	提供了众多企业的原版资料、案例，还汇集了一些企业骨干的推行感想、感悟及反思
200 张图表学精益管理：IE 工厂效率提升方法 刘秀堂　著	IE 工程师视角，全是一线经验。精益落地的实操方法，大量图表工具让你上手就能做		
二、生产管理			
化工企业工艺安全管理实操 黄娜　著	围绕化工工艺安全 14 要素来展开分析	**手把手教你做专业生产经理** 黄娜　著	生产经理如何在信息流、物流、资金流三大流中开展工作

续表

书名	内容	书名	内容
欧博心法：好工厂　靠管理 曾伟　著	从管人篇和管事篇帮助读者解决人难管、事难控	**欧博工厂案例 1：生产计划管控对话录** 曾伟　曾子豪　著	工厂管理生产计划管控模块的 8 个全景细节大案例
欧博工厂案例 2：品质技术改善对话录 曾伟　曾子豪　著	工厂管理品质、技术、效率管理模块的 10 个全景细节大案例	**欧博工厂案例 3：员工执行力提升对话录** 曾伟　曾子豪　著	工厂管理人员管控模块的 5 个全景细节大案例
工厂管理实战工具 曾伟　著	中国传统文化指导下的工厂管理工具	**制造业成本倍减 42 法** 王天江　著	42 种经过实际验证有效的成本降低方法，用 61 个真实案例说明
制造企业上 10 亿其实并不难 杨小林　著	年产值 1 亿～10 亿元中小制造企业在工厂经营和管理上的业务指导		
三、班组长			
全能型班组：城市能源互联网与电力班组升级 国网天津电力公司　著	从互联网时期的班组转型升级出发，对新型班组组织模式和运行机制进行设想	**国网天津电力全能型班组建设实务** 国网天津电力公司　著	聚焦天津电力公司在探索全能型班组转型升级时的优秀实践
咨询・培训师			
培训师事业长青之道 廖信琳　著	培训师自我管理的“洋葱模型”、十项内容与五个层级	**管理咨询师的第一本书** 熊亚柱　著	深度剖析初级入行咨询师在工作中遇到的问题
资深管理咨询顾问工作心得 张国祥　著	使用手册讲述咨询师如何操作项目、老板如何选择咨询师、企业如何自主落地	**手把手教你做顶尖企业内训师** 熊亚柱　著	从开、控、收、编、制、用的角度去履行培训师的职责
TTT 培训师精进三部曲上 廖信林　著	手把手教你“深度改善现场培训效果”的一招一式	**TTT 培训师精进三部曲中** 廖信林　著	建构一整套培训课程设计与开发的认知架构和方法体系
TTT 培训师精进三部曲下 廖信林　著	通过“沉淀职业功力的六度模型”，帮助培训师在职业技能上持续精进		
产品・研发			
研发体系改进之道 靖爽　陈年根 马鸣明　著	取材数十家企业研发改进的咨询实践，提炼一套实操的改进步骤与工具	**新产品开发管理，就用 IPD（升级版）** 郭富才　著	把产品经营的思想凝结在新产品开发管理机制中，升级版更丰富
产品开发管理：方法・流程・工具 任彭枞　著	结合超过 300 家企业的实际研发管理方法，总结问题和方法，大量表格	**资深项目经理这样做新产品开发管理** 秦海林　著	采用过程管理方法，对新产品开发的四大过程进行分析，主要针对小电器产品
产品炼金术Ⅰ：如何打造畅销产品 史贤龙　著	打造畅销产品的四个方法	**产品炼金术Ⅱ：如何用产品驱动企业成长** 史贤龙　著	从经营者视角重新认识产品，快速诊断产品现状
快消品产品开发方法：打造快消爆品 张荣举　著	提供整套实战性的思维、方法、技能和工具，直接带有表格及公式，一看就能上手		